前厅客房服务与管理

(第二版)

牟昆　编著

清华大学出版社

北　京

内 容 简 介

本书是在国务院常务会议部署加快构建以就业为导向的现代职业教育体系、引导一批普通本科高校向应用技术型高校转型的新形势下编写的。在新契机下，对应用型旅游本科专业的人才培养模式提出了新的课题，探索适应新时期的创新型旅游人才培养模式成为新的挑战。全书共十四个单元，内容包括：认识前厅部、前厅预订业务、前厅接待业务、前厅礼宾业务、前厅问讯业务、前厅总机业务、前厅商务中心业务、前厅收银业务、前厅大堂副理业务、认识客房部、客房清洁整理、客房对客服务、客房设备用品管理和客房安全管理。

本书以"任务导向"教学模式为编写体系，并汲取了国内外相关专业的新知识与新技术，重点阐述了现代饭店前厅、客房服务与管理的最新理论和管理的基本内容，并着重介绍了前厅部、客房部在运营过程中实施服务管理的一些主要方法和操作技巧。本书是从知识性、科学性、实用性、可操作性和专业特色的角度出发，并充分体现应用型本科教育特点编写而成的。

本书可作为高等学校应用型本科旅游、酒店管理专业或相关专业的学生用书，也可作为各类饭店的培训用书，还可作为饭店管理爱好者的参考用书。

本书配有课件，下载地址：http://www.tupwk.com.cn。

图书在版编目(CIP)数据

前厅客房服务与管理 / 牟昆 编著. —2版. —北京：清华大学出版社，2016（2022.1重印）
ISBN978-7-302-42870-1

Ⅰ. ①前… Ⅱ. ①牟… Ⅲ. ①饭店—商业服务 ②饭店—商业管理 Ⅳ. ①F719.2

中国版本图书馆 CIP 数据核字(2016)第 028854 号

责任编辑：施　猛　马遥遥
封面设计：周晓苏
版式设计：方加青
责任校对：曹　阳
责任印制：宋　林

出版发行：清华大学出版社
　　　　网　　　址：http://www.tup.com.cn，http://www.wqbook.com
　　　　地　　　址：北京清华大学学研大厦 A 座　　　　邮　　编：100084
　　　　社 总 机：010-62770175　　　　邮　　购：010-62786544
　　　　投稿与读者服务：010-62776969，c-service@tup.tsinghua.edu.cn
　　　　质 量 反 馈：010-62772015，zhiliang@tup.tsinghua.edu.cn
　　　　课 件 下 载：http://www.tup.com.cn，010-62796865
印 装 者：保定市中画美凯印刷有限公司
经　　销：全国新华书店
开　　本：185mm×260mm　　　　印　　张：13.5　　　　字　　数：263 千字
版　　次：2003年5月第1版　2016年2月第2版　　　　印　　次：2022 年 1 月第 5 次印刷
定　　价：38.00 元

产品编号：066531-02

前 言

近几年，随着我国旅游业的兴旺发展，作为旅游业的三大支柱之一的饭店业也随之兴旺壮大。饭店业对从业人员的知识、能力和素质的要求越来越高。2014年2月26日，国务院常务会议部署加快构建以就业为导向的现代职业教育体系，引导一批普通本科高校向应用技术型高校转型。教育部负责人表示，把高等教育结构调整作为"十三五"高等教育改革的主要任务，其突破口就是地方本科院校的转型发展。为顺应高等教育的重大改革，部分本科院校转向应用技术型的紧迫性毋庸置疑。本教材就是为了适应这种需要编写而成的。

此次修订，基本保持了上一版的特点和结构体系，并在原有基础上针对部分知识进行了更新，使之与市场紧密结合。

本教材可作为高等院校应用型本科旅游管理与酒店管理专业或相关专业的学生用书，可作为各类饭店的培训用书，也可作为饭店管理爱好者的参考用书。

本教材共分十四个学习单元，主要内容有：认识前厅部、前厅预订业务、前厅接待业务、前厅礼宾业务、前厅问讯业务、前厅总机业务、前厅商务中心业务、前厅收银业务、前厅大堂副理业务、认识客房部、客房清洁整理、客房对客服务、客房设备用品管理和客房安全管理。

本教材具有以下几个特点。

1. 以"任务导向"教学模式为教材编写体系，适应了应用型本科旅游教育教学特点。

2. 本教材汲取了国内外相关专业方面的新知识与新技术，重点阐述了现代饭店前厅、客房服务与管理的最新理论和管理的基本内容，并着重介绍了在前厅部、客房部运营过程中实施服务管理的一些主要方法和操作技巧。

3. 本教材是从知识性、科学性、实用性、可操作性和专业特色的角度出发编写而成的，因此内容专业、实用性强。

4. 文中引用资料和图片，图文并茂。

5. 每学习单元由课前导读、学习目标、典型案例、单元小结、复习思考题和课外实训组成，结构脉络清晰，便于指导学生学习。

本教材由沈阳大学牟昆编著，并负责全书总体框架的设计、审定及统稿工作。

本教材在编写过程中，参考了中外作者的有关文献资料，并得到了清华大学出版社的大力支持，在此一并致以诚挚的谢意。

由于编著者水平有限，错误和疏漏之处在所难免，敬请赐教。反馈邮箱：wkservice@vip.163.com。

编著者

2015年10月

目 录

学习单元一
认识前厅部

课前导读

　　饭店繁忙的大厅里总是不断出入出席重大会议及招待会的国际名人、社会领袖以及商人和家庭度假人士。细细地去品味、去感受这种兴奋将是你理解饭店为宾客提供优质服务的重要性的开始。当你开始掌握经营饭店的一些原则时，你将会发现饭店前厅部在维持你的这种兴奋感方面发挥着重要的作用。而在这种总体的兴奋感背后是前厅部高效的工作效率、高标准的服务要求，以及精心营造的饭店营业氛围。本单元将在这种兴奋感的指引下从前厅部的地位与作用、工作任务与组织机构、员工岗位职责和素质要求等方面来全面认识饭店前厅部。

学习目标

　　知识目标：了解饭店前厅部员工岗位职责；理解饭店前厅部员工素质要求；掌握饭店前厅部的含义、特点与工作任务。

　　能力目标：能根据前厅的工作任务确定相应的组织模式与结构，掌握制定前厅员工岗位职责的相关要求。

学习任务一　前厅部在饭店中的地位与作用

一、前厅部的含义

　　饭店前厅部是负责招徕并接待宾客，销售饭店客房及餐饮娱乐等产品和服务的部门。它也是沟通与协调饭店各部门的对客服务，为饭店高级管理决策层及相关各职能部门提供各种信息参考，同时为宾客提供各种综合服务的部门。前厅部通常由预订、礼宾、接待、问讯、收银、电话总机、商务中心、大堂副理及车队等部门组成，具体的部门数量由饭店的规模和经营模式等因素决定。

二、前厅部工作的特点

(一) 业务复杂

前厅部要处理的工作包括：客房的预订、为客人办理入住和离店手续、收银结账、迎宾送客、行李服务、贵重物品保管、回答客人问讯、转接电话、与其他部门进行业务工作联络、客务管理等。其中包含很多个性化的随机事务的处理，这就对前厅部人员的工作提出了高标准的要求。

(二) 接触面广

前厅部处于饭店的第一场所——大堂中最为显眼的位置，它在业务上承担着客房的销售工作，负责客房的预订，具体为客人办理入住和离店的各种手续。同时，为客人提供入店的有关服务，如迎宾送客、行李的搬运和保管、客人贵重物品的保管、回答住店客人和来访客人的各种问讯、处理客人的投诉等。这些业务特点使前厅部人员在日常工作中要接触各种客人、各类事件以及饭店的各个部门。

(三) 政策性强

无论是客房的销售、房价的折扣、特殊接待的全局调动，还是处理客人问讯、转接电话、受理客人投诉等，都是涉及整个饭店经营的政策性很强的工作，稍有疏忽就可能造成政策性错误。这就要求前厅部工作人员必须熟练掌握饭店在对客服务中的各项政策和具体执行要求，其中也包含处理涉外事务的具体程序要求。

(四) 专业要求高

随着时代的进步，现代科技不断被引入各行各业的管理中，饭店前厅也大都实行了电脑网络管理，员工必须经过专业培训才能上岗操作。另外，在帮助宾客解决困难、回答其提出的问题时，也需要员工具备相应的能力与业务知识背景，进而为客人提供及时适合的相关服务，这就对员工的素质、专业技术水平、业务水平提出了较高的要求。至于前厅中的大堂副理、前厅经理等职位，想要胜任这些职位，则需要具备更高、更专业的管理和服务素质。

(五) 影响全局

预订工作常常使客人在尚未到达饭店时就对饭店形成了一个印象；客人到达饭店后，最先接触的也是前厅部的工作人员及服务；客人离店时，最后接触的也是前厅部的人员和服务。因此，前厅部工作质量的好坏和工作效率的高低，对饭店整体形象的影响是非常大的。另外，在客人住店期间，前厅部也是整个饭店对客服务的信息枢纽，任何与其他部门的沟通失误和不畅都会降低整个饭店的服务效率和质量。

三、前厅部的作用

(一) 前厅部是饭店业务活动的中心

饭店前厅部可以通过销售客房来带动饭店其他业务部门的经济活动。饭店的一切经营活动，都直接或间接地与前厅部有联系，它是整个饭店的枢纽。另外，饭店还可以通过营造良好的营业氛围来为餐饮娱乐等部门的营业推广活动提供宣传支持，进而增加整个饭店的经营收入。

(二) 前厅部是联系客人和饭店的纽带

前厅部自始至终是为客人服务的中心，前厅部人员为客人提供的服务从客人抵店前的预订、入住开始，直至客人离开结账、建立客史档案，贯穿于客人与饭店交易往来的全过程。

(三) 前厅部是饭店管理机构的代表

在客人眼中，前厅部就是饭店的缩影，前厅部员工的服务与管理水平直接反映整个饭店的管理水平、工作效率和服务质量，直接影响饭店的整体形象。例如，有一位客人来店咨询预订客房事宜，但饭店在这一时段没有客人所需要的房间，如果此时服务员态度不好，就会让客人产生一种印象：整个饭店的服务水平也就仅限于此。另外，饭店大堂副理作为前厅部的一个重要职位，代表饭店管理方处理客人的投诉和服务要求，是饭店管理机构的具体代表。

(四) 前厅部是饭店管理机构的参谋与助手

作为业务中心，前厅部可以收集到关于饭店活动的各种信息，包括饭店内部的经营信息和外部的客情信息，并定时定量地将这些信息进行整理和分析，提供给饭店其他部门，为饭店制定发展战略和服务计划提供参考。例如，根据某饭店前厅部的统计，在10月份的住店客人中，有8%来自我国台湾，这一比例在其他月份仅为2%。结合市场部所了解的情况，前厅部分析得出，这是因为每年10月份本市召开台商投资洽谈会，吸引很多台商来本市投资洽谈和探亲访友。随后前厅部将这一信息反馈给饭店管理高层以及其他部门，以便相关部门在今后的服务中为这部分客源及时提供有针对性的服务。

学习任务二 前厅部的工作任务

前厅部的地位和作用决定了它在饭店经营中所承担的任务，虽然不同规模的饭店的组织机构不同，但其基本任务是一致的。

一、销售客房

销售客房是前厅部的主要任务，客房是住店宾客消费数量最大、最主要的商品。一般来讲，客房销售额在饭店总收入中高于其他收入。在国际上，客房收入、餐饮收入和其他收入的比例为5∶4∶1，客房销售情况直接影响饭店的经济效益。具体来说，饭店前厅部的客房销售工作分为4个方面：受理宾客预订；接待未经预订而直接抵店的零散宾客；办理宾客的入住登记手续；分配房间，确定房价。

二、建立并控制客账

一般客人账户包括：每日的房费、餐厅的消费(采用签单形式)、客房用餐服务费、饮料费(包括酒吧和房间小酒吧)、洗衣服务费、外卖服务费、电话费等一切在饭店消费产生的、不以现金支付的费用。饭店前厅的客账管理要求账户清楚、记账准确、转账迅速，对于长住客等特殊客人，要将其房费和其他消费项目分开设立账户，并注意随时与饭店各个营业部门做好沟通，在方便顾客的同时维护饭店的经济利益。

三、及时、准确地显示客房状况

饭店客房状况是指饭店客房的使用情况，通常分为长期和短期两类。及时准确地显示客房状况的目的是便于饭店最大限度地利用客房这一获利最大的产品。传统饭店一般用客房预订汇总表和客房状况显示架来分别显示长期和短期的客房状况；现代饭店则是充分利用计算机系统的技术优势来及时准确地显示客房长期和短期的情况。除此之外，前厅部还必须做好与客房部的信息沟通，尽量减少客房状况差异的存在，这样才能在硬件和软件两方面保证前厅部对客房状况显示的及时性和准确性。

四、提供各类前厅服务

(一) 预订服务

预订服务即接受、确认和调整来自各个渠道的房间预订。

(二) 接待服务

接待服务即负责接待抵店投宿的客人，包括团体、散客、长住客、非预期到店以及无预订的客人，并为其提供住店期间的相关服务。

(三) 问讯服务

问讯服务即回答客人的询问，提供各种有关饭店内部和饭店外部的信息；提供收发、传达、会客等服务。

(四) 礼宾服务

礼宾服务即在饭店门口或机场、车站、码头、迎送客人；调度门前车辆，维持门前秩序；代客人卸送行李，陪客人进房，介绍客房设备与服务，并为客人提供行李寄存和托运服务；分送客人邮件、报纸，转送留言、物品；代办客人委托的各项事宜。

(五) 电话服务

电话服务即接转饭店内外部电话，承办长途电话业务；回答客人的电话询问；提供电话找人服务、留言服务、叫醒服务；播放背景音乐；充当饭店出现紧急情况时的指挥中心。

(六) 商务中心服务

商务中心服务即提供信息及秘书性服务，包括收发电传、传真和电报，提供复印、打字及电脑文字处理等服务。

(七) 收银结账服务

收银结账服务即负责饭店客人所有消费的收款业务，包括客房、餐厅、酒吧、长途电话等各项服务费用。

(八) 联络和协调对客服务

前厅部是联系客人与饭店的桥梁，为了更好地为客人服务，前厅部必须同各部门、各单位密切配合，以保证饭店经营业务的正常运转。同时，前厅部内部的预订、接待和收银等主要部门之间也应密切配合，以提高对客服务的整体效率和质量。

(九) 提供和处理信息资料

对于与饭店经营有关的信息，如客源市场、产品销量、营业收入、客人需求及反馈意见等信息，前厅部要及时加以处理，向饭店的各级管理部门报告，形成以前厅部为中心，以搜集、处理、传递及储存信息为职能的系统。

(十) 建立宾客档案

前厅部通过为客人建立客史档案，来记录客人在饭店逗留期间的主要情况和数据，同时做好客史资料收存归档工作，定期进行统计分析。这样可以为回头客提供有针对性的个性化服务，也便于寻找饭店经营管理的规律，制定有针对性的经营方针和政策。

(十一) 沟通联络外部关系

为了发展饭店业务，饭店前厅部同客源市场、旅行社、订房机构、使馆等有着经常、密切、固定的联系；同时为了安排旅客的活动，搜集交通、住宿等资料，它又要和机场、车站、码头、国外航空公司以及其他饭店保持广泛的业务联系和良好的关系。维持和发展这些关系是饭店前厅部的重要工作内容。

学习任务三 前厅部的组织机构

前厅部组织机构的设置，主要根据饭店规模的大小、经营特点及管理方式而定。一般大中型饭店的前厅部均单独设置，但也有一些饭店设客房总监，前厅部则归属其内。在小型饭店里一般不单独设立前厅部，其业务归客房部负责。

一、前厅部的机构设置原则

(一) 组织合理

规模小的饭店或以内部接待为主的饭店就可以将前厅部归入房务部，而不必独立设置前厅部。根据饭店的经营特色和模式也可将前厅部包含的各个部门进行整合，以精简人员、提高效率。

(二) 机构精简

饭店前厅部要做到机构精简，主要应避免两个极端：一是机构臃肿，因人设岗；二是职能空缺，出现无人具体负责的职位。

(三) 分工明确

前厅部各机构及各岗位人员的职责和任务应明确，指挥体系应高效、健全，信息传达渠道应畅通，避免出现管理职能空缺、重叠或推诿扯皮现象。

(四) 便于协作

对于这项原则，主要表现在两个方面：一是前厅内部各岗位环节直接做好协调工作；二是前厅部与饭店其他营业部门之间要做好协调工作。

(五) 统一原则

无论饭店的规模、管理幅度有何差别，在设置前厅组织机构时，务求遵循统一指挥、权责分明的组织原则，以利于前厅效能的发挥。

二、常见的前厅部组织机构模式

客房数在200间以下的饭店，通常被称为小型饭店。它的组织机构的设置一般比较简单，但是要突出前厅、餐饮、客房和工程维修以及财务部的作用。在大型饭店里，前厅的管理层次和管理幅度都大于中小型饭店，在饭店总体管理中的地位也更加突出。常见的前厅部组织机构模式有以下三种，具体如图1-1、图1-2、图1-3所示。

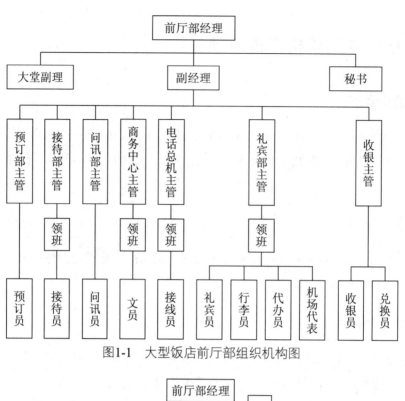

图1-1 大型饭店前厅部组织机构图

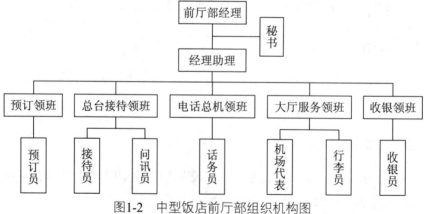

图1-2 中型饭店前厅部组织机构图

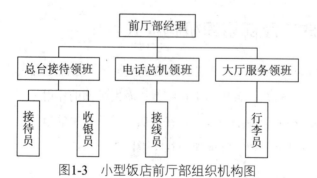

图1-3 小型饭店前厅部组织机构图

三、前厅部下属各机构主要业务范围

(一) 客房预订处的主要业务范围

(1) 负责饭店的预订业务。

(2) 受理并确认各种来源的预订，处理预订的更改、取消。

(3) 保持与接待处的密切联系，提供最新的预订信息。

(4) 参与客情预测，及时提供VIP(贵宾)、团队、大型会议与会人员抵店信息。

(5) 参与前厅部对外预订业务谈判及签订合同。

(6) 制作(每月、半月、一周和次日)预订报表，参与制订全年客房预订计划。

(7) 确保预订系统的准确性，完善预订记录和档案程序。

(二) 接待处的业务范围

(1) 推销客房，接待住店宾客。

(2) 准确控制客房状态，有效排房。

(3) 掌握住房动态及信息资料，协调对客服务。

(4) 积极参与饭店各项促销活动。

(5) 确定宾客的付款方式，建立客账。

(6) 制作客房营业日报表及其他统计分析报表。

(三) 问讯处的主要职责

(1) 掌握住客动态及信息资料，解答宾客问讯。

(2) 处理宾客邮件、留言。

(3) 接待访客。

(4) 分发和保管客房钥匙。

(5) 积极参与饭店各项促销活动。

(6) 协调对客服务。

(四) 前厅收银处的主要业务

(1) 受理入住饭店的宾客的预付担保手续。

(2) 提供宾客消费构成的信息资料，建立数据库。

(3) 提供外币兑换服务。

(4) 管理住店宾客卡的账卡。

(5) 密切与饭店各营业点收款员的联系，催收、核实账单，监督宾客的赊账限额。

(6) 夜间审核全饭店的营业收益情况，制作全饭店当日营业报表。

(7) 为宾客提供贵重物品的寄存和保管服务。

(8) 办理离店宾客的结账手续，收回客房钥匙，核实宾客信用卡等。

(9) 负责应收账款的转账。

(五) 大厅/礼宾服务处的主要职责

(1) 在门厅或机场、车站迎送宾客。

(2) 负责宾客的行李运送与寄存并确保行李安全。

(3) 引领宾客进房并介绍服务设施、服务特色。

(4) 分送客用报纸、宾客信件，传达留言。

(5) 在饭店公共区域提供找人服务。

(6) 代客召唤出租车，协助管理和指挥门厅入口处的车辆停靠，确保饭店门厅入口处的道路畅通和安全。

(7) 回答宾客问题，并为宾客指引方向。

(8) 传递饭店有关通知单。

(9) 负责宾客委托代办的其他事项。

(六) 电话总机的主要职责

(1) 转接电话。

(2) 提供叫醒服务。

(3) 回答电话问讯，提供电话找人服务，受理电话留言。

(4) 办理长途电话事项。

(5) 提供请勿打扰(DND)电话服务。

(6) 受理电话投诉。

(7) 传递或消除紧急通知或说明。

(8) 播放背景音乐，保守通信机密。

(七) 商务中心的主要业务范围

(1) 提供文字处理、文件整理、装订、复印、长途电话、传真及国际快运服务。

(2) 提供秘书、翻译服务。

(3) 提供手机电池充电服务。

(4) 提供会客洽谈服务(配有专门的洽谈室)。

(5) 提供Internet商务服务。

(6) 提供个人计算机或笔记本电脑的出租服务。

(八) 车队主要职责

(1) 负责接送VIP、预订宾客或有特殊需求的宾客。

(2) 为宾客提供出租车及包车服务。

(3) 为旅行社提供订车服务。

(九) 大堂副理/值班经理的主要工作职责与工作内容

(1) 代表总经理做好日常的贵宾接待工作,完成总经理临时委托的各项任务。

(2) 代表总经理受理宾客对饭店内各部门的投诉,并且进行高效率处理。

(3) 解答宾客的一切询问,并提供一切必要的协助和服务。

(4) 征求宾客意见,沟通饭店与宾客间的情感,维护饭店声誉。

(5) 负责检查大堂区域的清洁卫生、各项设施设备的完好情况。

(6) 联络和协调饭店各有关部门的对客服务。

(7) 巡视和检查饭店公共区域,以消除隐患,确保安全。

(8) 出席饭店的各种例会,对加强管理、改进服务、增加创收等提出建议。

(9) 定期检查饭店各部门的清洁及维修保养情况。

(10) 检查员工着装、仪表仪容及守纪、履行岗位职责等情况。

(11) 处理各类突发事件。

(12) 协助保安部处理异常事件。

(13) 协助前厅部员工处理好日常接待中出现的问题。

(14) 详细记录值班时间内所发生和处理的任何事项。

(15) 负责协调处理宾客的疾病和死亡事故。

(16) 饭店有重大活动时,确保接待工作的正常进行。

四、前厅部组织机构设计中的几点建议

(一) 总监管理制

在大型饭店或管理区域较广的饭店，为了加强业务相关性较强的部门间的协调力度，保证部门间的关系协调畅通，提高工作效率和工作质量，通常在部门经理与总经理之间设立"总监"管理层。规模较小的饭店则无须设立"总监"管理层，否则会人为地增加管理层次，加大管理难度。

(二) 部门经理助理制

部门经理助理制，明确规定其助手的地位，在管理级别上处于主管之上、部门经理之下，其工作只是接受部门经理的授权，对本部门的相关工作进行协调、传达、调查、了解，并协助本部门解决问题。在部门经理未授权的领域，部门经理助理不得擅自指挥和调度。部门经理助理直接受部门经理领导，直接向部门经理汇报工作结果，无权参加总经理召开的工作例会，部门工作的最终结果由部门经理一人负责。

(三) 前厅部与财务部

通常在前台服务区域内设有收银处，有专门的收入审计工作人员，如日审员和夜审员，但他们实际上是饭店财务部门的工作人员，直接上级是财务部，而不是前厅部。

学习任务四 前厅部的员工岗位职责

一、饭店前厅部实行岗位职责管理的作用和意义

(1) 可以最大限度地实现前厅部劳动用工的科学配置。

(2) 可以有效地防止因职务重叠而发生的工作扯皮现象。

(3) 能够增强前厅部内部竞争活力，更好地发现和使用人才。

(4) 为饭店前厅部组织考核提供依据。

(5) 可以提高前厅部的工作效率和工作质量。

(6) 可以规范前厅部员工的操作行为。

(7) 可以有效减少违规行为和违规事故的发生。

二、制定前厅部员工岗位职责的要求

在制定前厅部员工岗位职责时，应做到文字通俗易懂，描述客观准确，职责条理分明，要求具体明确，定性与定量结合，保证各级别、各岗位之间的有机联系。需要说明的是，制定岗位职责有不同的方法，有的饭店把岗位职责与工作内容区分开来，严格来说两者是有区别的，但区别不明显。将两者结合在一起，会使岗位职责更具体、更具操作性。通常将岗位职责和工作内容合并在一起称为广义的岗位职责；反之则称为狭义的岗位职责。

三、前厅部各主要岗位的工作职责与工作内容

(一) 预订组领班岗位工作职责及工作内容

1. 工作职责

保证饭店客房预订工作顺利进行和完成，力争使饭店客房入住率达到最佳效果，并负责与各部门及其他各服务点的沟通与衔接。

2. 工作内容

(1) 阅读交班记录，了解昨日未完成的事宜和今日应完成的工作。

(2) 阅读有关报表，了解当日房况、近期房况、近期预订情况、VIP情况、店内重大活动等。

(3) 听取主管指示和部门行政命令。

(4) 根据当日工作情况给员工分配任务。

(5) 负责"B"类以上VIP客人的预订。

(6) 负责与各主要客户、公司签署订房优惠协议。

(7) 负责或指定专人与客户接触、洽谈。

(8) 处理紧急事故或员工不能处理的问题。

(9) 每周向客房部、销售部、前台接待组预报近期房间预订情况。

(10) 按标准检查员工仪表仪容、语言表达、出勤情况。

(11) 随时注意员工对客服务是否符合规定程序与标准。

(12) 检查员工在岗状况，有无脱岗、违纪等现象。

(13) 每日对员工进行考核。

(14) 检查每日所有预订情况。

(15) 草拟预订组工作计划和管理细则，报主管审批。

(16) 每周参加部门例会，负责向员工传达会议内容。

(17) 每月召开班组"月工作总结会"。

(18) 每月向主管呈报月工作报表和员工全月的日考核表。

(19) 随时向主管或部门经理汇报"B"类以上VIP客人的预订情况。

(20) 负责指导和监督与其他部门、班组的沟通与协作。

(21) 每日早晨向主管汇报昨日工作，听取主管指示。

(二) 接待组领班岗位工作职责及工作内容

1. 工作职责

保证前台接待中的各项工作顺利进行，圆满完成。

2. 工作内容

(1) 阅读交班记录，了解本班应完成工作。

(2) 阅读有关报表，了解当日房况、当日预订情况、VIP情况、店内重大活动。

(3) 接受主管指示和部门行政指令。

(4) 根据当日工作情况给员工分配工作任务。

(5) 亲自或指定专人负责排房工作。

(6) 必要时亲自参与对客服务。

(7) 指定专人处理预订资料和填写钥匙使用状况表。

(8) 处理紧急事故和员工不能处理的问题。

(9) 按标准检查员工的仪表仪容、语言表达和出勤情况。

(10) 随时注意员工的对客服务是否符合规定的程序和标准。

(11) 检查员工在岗状况，有无脱岗、违纪等现象。

(12) 每日对员工进行考核。

(13) 草拟前台接待工作计划和管理细则，报主管审批。

(14) 每周参加部门例会，并负责向员工传达会议内容。

(15) 每月召开班组"月工作总结会"。

(16) 每月向主管呈报日工作报表和员工全月的日考核表。

(17) 加强现场培训和督导。

(18) 负责指导与其他部门、班组的沟通与协作。

(三) 问讯组领班岗位工作职责及工作内容

1. 工作职责

保证问讯处各项服务工作顺利进行和完成。

2. 工作内容

(1) 阅读值班记录，了解昨日工作完成情况。

(2) 阅读有关报表，了解当日房况、当日预订、VIP情况及店内大型活动等。

(3) 听取前台服务主管指示和部门行政指令。

(4) 了解店内外最新情况，以书面形式告知员工。

(5) 根据当日工作情况给员工分配任务。

(6) 必要时亲自参与对客服务工作。

(7) 处理工作中出现的员工不能处理的问题。

(8) 按标准检查员工仪表仪容、语言表达、出勤情况。

(9) 检查员工是否按照规定的工作程序和标准为客人提供服务。

(10) 检查售报、售地图等费用与账目是否符合。

(11) 检查留言栏有无过期留言，留言单是否需要补充。

(12) 检查资料宣传架内的资料摆放是否整齐、规范。

(13) 检查报刊、地图、资料是否保管妥当。

(14) 每日对员工进行考核。

(15) 检查员工在岗情况，有无脱岗、违纪等现象。

(16) 草拟问讯组工作计划和管理细则，报前台和主管审批。

(17) 每周参加部门领班以及管理人员例会，并向员工传达会议内容。

(18) 每月召开班组"月工作总结会"。

(19) 每日晨会向主管汇报昨日工作，听取主管指示。

(20) 每月向主管呈报员工全月的日考核表和月工作报表。

(21) 负责指导、监督与其他部门、班组的沟通与协作。

(四) 礼宾组领班岗位工作职责及工作内容

1. 工作职责

通过正确有效的管理，确保本班组工作正常进行，并督导下属员工为客人提供高质量、高效率的行李运送服务和其他相关服务。

2. 工作内容

(1) 认真查阅交班记录，了解昨日工作完成情况。

(2) 阅读相关报表，了解当日进店客人量、旅行团情况、VIP情况及店内重大活动等，听取主管指示和部门行政指令。

(3) 根据当日情况，给迎宾员、门童分配任务。

(4) 处理日常服务工作中的疑难问题。

(5) 繁忙时亲临现场指挥协调，必要时亲自参与对客服务。

(6) 指定专人负责"A"类客人的行李运送。

(7) 检查迎宾员、门童、行李员和派送员是否按规定的程序和标准为客人提供服务。

(8) 检查行李寄存情况是否符合标准。

(9) 检查每日抵离行李的运送记录、存储记录、报表派送记录、留言派送记录。

(10) 每日对员工做出正确的评估、考核。

(11) 检查本班组各种用品能否保证工作正常进行。

(12) 检查员工的仪表仪容及出勤情况。

(13) 制定本班组管理细则和培训计划。

(14) 每月召开一次"月工作总结会"。

(15) 每月向部门呈报一次月工作报表和员工全月的日考核表。

(16) 统计每月进出店的行李总件数，每日向部门呈报一次。

(17) 每周参加部门管理例会，负责向员工传达会议内容。

(18) 每日晨会向主管部门汇报前日工作，听取主管指示。

(五) 前台收银组领班岗位工作职责及工作内容

1. 工作职责

在收银部主管的领导下，全面负责前台收款的组织、协调、管理工作。检查员工的服务质量和劳动纪律，带领员工运用饭店结账系统，礼貌、迅速、准确地为客人提供优质服务。

2. 工作内容

(1) 检查本班人员出勤、仪表仪容和着装情况及班前准备工作。

(2) 与上一班领班做好交接工作，并记录工作日记。

(3) 审阅收银员值班记录簿，处理未尽事宜。

(4) 以个人良好的精神面貌带动全组员工，督促收银员站立服务，使用礼貌语言，提供微笑服务，以优质的服务维护饭店的声誉。

(5) 检查团队账单准备情况，随时掌握团队结账情况。

(6) 阅读电脑报表，了解客情，注意客人离店高峰期，合理安排人员。

(7) 准确掌握每天重点客人的结账情况，通知审计人员提前做好审计工作，保证结账的顺利进行。

(8) 督促和提醒收银员注意结账客人的姓名、房号和离店日期三要素是否相符，杜绝结账错误。

(9) 如发现客人在结账后再次消费的情况，经检查无误后，及时追收未付金额，并汇报主管。

(10) 接受客人对店内各部门工作的投诉意见，有义务代表饭店向客人赔礼道歉，并汇报经理。

(11) 督促和检查员工执行外汇管理规定、外币收兑规定、现金管理制度、信用卡使用规定以及账单和发票管理规定等情况。

(12) 不定期抽查本班收银员的备用金，并督促收银员备齐小额钞票。

(13) 检查客用保险箱的使用和管理情况。

(14) 制止员工上班时打私人电话，拨打长途电话应记录在工作日记中，以便查阅。

(15) 督促收银员保持工作环境的清洁。

(16) 督促员工爱护电脑、打印机、计算机、验钞机、打卡机等各项设备，杜绝违章操作，保证各项设备的正常运转。

(17) 掌握全组文具用品、电脑打印纸等的使用数量，并及时补充。

(18) 主动向主管汇报工作，认真填写《每日工作情况汇报表》。

(19) 协助主管对本班组人员进行业务培训。

(20) 负责本班组员工的考核。

(21) 完成经理、主管交办的其他工作。

(22) 每周参加由财务部经理主持召开的例会，并据此部署本班组工作。

(六) 总机话务组领班岗位工作职责及工作内容

1. 工作职责

保证为客人提供高效、优质的电话服务。

2. 工作内容

(1) 认真阅读夜班记录、留言记录和叫早记录，了解各班次工作情况。

(2) 阅读有关报表，了解当日客人进出量、VIP情况、店内大型活动。

(3) 将当日重要情况写在白板上。

(4) 听取主管指示和部门行政指令。

(5) 处理电话业务中的特殊情况和意外事件。

(6) 业务繁忙时亲自参与电话服务。

(7) 负责收听天气预报。

(8) 指定专人负责接发传呼和处理留言、问讯。

(9) 负责与其他部门、班组进行沟通和协调。

(10) 检查各班次长话费是否准确录入，长话单是否按要求存放。

(11) 检查留言叫早是否记载和录入，督促派送员及时将留言送到指定楼层。

(12) 督促接线员按标准和程序转接电话及提供其他对客服务。

(13) 每日对员工业务进行考核。

(14) 检查员工出勤情况及仪表仪容。

(15) 检查设施设备是否正常、工作用品是否齐全，如发现问题应及时报修或补充。

(16) 每周参加部门例会，负责向员工传达会议内容。

(17) 制定本班组工作管理细则和培训计划。

(18) 每月向部门呈报一次月工作报表和员工全月的日考核表。

(19) 每月召开一次班组"月工作总结会"。

(20) 每日晨会向主管汇报前日工作，听取主管指示。

(七) 商务中心领班岗位工作职责及工作内容

1. 工作职责

保证为客人提供各类商务服务。

2. 工作内容

(1) 认真阅读值班记录，检查上一班次工作的完成情况。

(2) 听取主管批示和部门行政指令。

(3) 阅读有关报表，了解当日进店客人情况、店内大型活动、VIP情况。

(4) 根据当日工作量合理调配人员，安排工作。

(5) 处理紧急情况和员工不能处理的问题。

(6) 负责与店外相关单位、店内有关部门和班组进行沟通与衔接。

(7) 负责每月向本部门和财务部呈报月经营收入和利润分表。

(8) 每月向本部门和财务部呈报成本控制表。

(9) 必要时亲自参加对客接待服务工作。

(10) 每日对员工做出考核和评估。

(11) 检查员工是否按程序和标准为客人提供服务。

(12) 检查员工在岗状况、仪表仪容、语言表达、出勤情况。

(13) 检查设施、设备是否正常运转。

(14) 检查办公用品是否充足。

(15) 督导员工完成各种账务的录入和登记。

(16) 检查员工开出的发票，统一向财务部结算。

(17) 制定班组管理细则、工作计划、培训计划，报主管审批。

(18) 每周参加部门例会，负责向员工传达会议内容。

(19) 每月召开班组"月工作总结会"。

(20) 每月向主管呈报月工作报表和员工全月的日考核表。

(21) 随时向主管或部门经理汇报重要情况，每日早晨向主管汇报前日工作，听取主管指示。

学习任务五 前厅部的员工素质要求

1. 品行端正

饭店前厅部的工作种类很多，有些涉及价格、客人信息以及饭店的经营秘密，如果员工没有良好的修养、端正的品行，就很容易发现并利用饭店管理中的某些漏洞，利用岗位职责之便，为个人谋利，损害饭店和客人的利益，从而直接影响饭店的服务质量、形象和声誉。因此，前厅部员工必须自觉加强品行修养。

2. 身体健康

饭店工作是相当辛苦的，每天工作量较大，而前厅的工作又很复杂，随机性更大，如果没有强健的体魄是支撑不住的，因此就特别要求前厅工作人员要有强健的体魄。

3. 业务熟练

要高质量地完成工作，就必须熟练掌握业务知识，了解饭店整体情况，以便随时回答客人的问题，提高工作效率和工作质量。

4. 具有良好的服务意识

前厅部员工应该随时通过自己的细心观察，以自己的不懈努力，在自己的岗位上为客人提供优质服务。

5. 具要有敬业乐业的精神

前厅部员工对前厅部的工作,诸如任务、目标、地位、范围、岗位职责等要有较为全面的正确认识,对本职工作要有责任心,对客人的要求要敏感、反应快,及时向上级或同事准确地传递信息。在服从指挥的前提下,还要有一定的灵活性和创造性,能自觉关心和维护饭店利益。

6. 具有流畅的语言表达能力

前厅部员工除了在汉语表达上要能做到以普通话为标准,发音准确、音调适中、音质好、表达流畅并具有相应的理解能力外,还应学习一至两门外语。

7. 精神饱满、举止得体

前厅部员工因工作需要,要练好站立服务的基本功。在工作岗位上,要注意仪容仪表,按照饭店的规定,着装要干净整齐。在岗时,整体形象要给人以清新、大方、亲切感。

8. 富有幽默感

前厅部员工运用语言的机会相对来说比较多。在接待宾客时,语言不能生硬呆板,应具有幽默感。与客人谈话时,不能只局限于机械地回答。前厅部员工在与客人交谈时,运用生动幽默的语言,不仅能打破僵局、缓和气氛、便于处理问题,而且能使客人觉得饭店员工有较高的文化艺术修养,有利于对客关系的和谐、融洽。

典型案例

前台是饭店业务的活动运行中心,不仅负责销售饭店产品,还负责联络和协调各业务部门对客人的服务,接受客人的投诉,解决客人的疑难问题,为客人提供多种多样、尽善尽美的需求服务、规范服务和超前服务。可见,前台布局的合理化、工作程序的简洁化对于整个饭店的服务而言,无疑是一个良好的开端!

众所周知,饭店前台一般情况下分为两个主要岗位,即接待处与收银处。接待处主要是接待客人登记入住的地方,而收银处则主要是客人办理结账离店手续的地方。也就是说,分体式的前台有着明确的工作程序分割点。试想如果您是一位客人,您是倾向于在前台的任意一个位置办好全部手续,还是倾向于转换不同位置办理相应的手续?我们认为绝大多数客人会选择前者。这就涉及前台接待与收银的并岗问题。

资料来源:豆丁网.http://www.docin.com/p-478868815.html

思考题:

1. 前台收银处和接待处合并的好处有哪些?

2. 岗位合并以后怎样更好地做好相关管理和监督工作?

单元小结

前厅部是饭店的重要部门,在饭店中具有"中心"和"枢纽"的地位。本章主要介绍了前厅部的地位与作用、工作任务与组织机构、员工岗位职责和素质要求等基本情况,是对前厅部概括性的初步认识。

复习思考题

1. 简述前厅部在饭店中的地位与作用。

2. 前厅部的工作任务有哪些?

3. 常见的前厅部组织机构模式有哪些?

4. 简述前厅部各主要岗位的工作职责与工作内容。

课外实训

实训目的:通过实例,全面认识饭店前厅部。

实训内容:1. 到本市一家星级饭店,了解其前厅部在整个饭店运营过程中的作用,整理记录该饭店前厅部包含的主要部门及每个部门的职能情况,理清每个部门之间的关系。

2. 选取一家三星级以上的饭店,通过调查其前厅部的运营现状及业务情况,针对其组织机构的设置列出自己的观点或提出相应的改进意见。

实训方式:上岗操作。

学习单元二
前厅预订业务

课前导读

前厅预订业务是前厅部八大业务之一。客人通过事先预订客房可以避免因饭店客满而无法入住的风险，不仅能满足客人抵店后对饭店设施的需求，同时饭店也能最大限度地利用饭店设施为饭店争取较高的住房率，从而为饭店带来利润。客房预订业务是一项技术性较强的工作，所以应建立高效、有序的工作程序。

本学习单元主要介绍了饭店前厅预订的意义、渠道、方式、种类，预订业务的控制程序及超额预订的处理方法与技巧。

学习目标

知识目标：通过本单元的学习，了解客房预订业务的意义；熟悉客房预订的渠道、方式和种类；掌握客房预订业务的基本程序；熟练掌握超额预订及预订过度的处理方法与技巧。

能力目标：通过本单元的学习，能够熟练掌握前厅预订业务的服务技能与操作技巧。

学习任务一　预订的意义

客房预订是指客人在抵店前向饭店预先提出用房的具体要求，即客人通过电话、传真、信函和网络等方式与饭店联系预订客房，饭店则根据客房可供出租情况来决定是否满足客人的订房要求。

饭店开展预订业务，不仅能预先保证客人对饭店设施的需求，而且饭店也能最大限度地利用设施，从而为饭店带来利润。因此，客房预订业务对饭店来说具有重要的意义，是非常重要的一种市场手段。

1. 可以开拓市场，稳定客源，保证客房出租率，为饭店直接创造利润

饭店的客源有两种：预订客人和临时散客。临时散客一般是随机而来，客源量极不稳定，因此，只靠散客住店销售客房，会使饭店经营陷入不稳定状态。所以很多饭店开展预订业务，使预订客人达到一定数量，保证客房出租率，从而饭店才能处于良性经营状态。

2. 可以掌握客源市场动态，有利于饭店预测未来业务，调整饭店经营方向

通过开展客房预订业务，可以取得订房客人的有关信息资料，利用这些信息资料，可了解旅行者动态，把握未来市场动向，根据市场变化及时调整营销对策，使饭店的人、财、物都能得到合理的支配。

3. 可根据预订信息，提前做好接待准备工作，有利于提高工作效率和服务质量

预订处将客人的订房信息资料传递给各部门，使各部门提前做好准备，从而协调饭店各部门的经营活动，提高工作效率和服务质量。如接待处可预先排好房间、备好钥匙和房卡，客房部可组织好人力清理房间等。

4. 控制客源、筛选客源，使饭店经营运转更上一层楼

当饭店经营处于良好状态时，就应该提升饭店接待的档次，来获取更大的经济效益。所以，针对预订的客人，预订处可以通过考察客源、筛选客源、婉拒客源等形式，对客源结构进行合理优化，使饭店的经营运转迈上新的、更高一级的台阶。

由于客房预订工作的意义重大，且内容复杂，在大中型饭店都设有专职的预订部。

学习任务二 预订的渠道、方式和种类

预订人员除了应具备认真负责的工作态度外，还要熟悉客房预订的渠道、预订的方式和预订的种类，这样才能使饭店的预订工作迅速、准确和有效。

一、预订渠道

预订的渠道种类很多，总体上可分为两种：直接渠道和间接渠道。直接渠道是指客人不通过任何中介人而直接与饭店预订客房；间接渠道是指客人预订客房要通过中介机构(如旅行社、航空公司等)代为办理订房手续。

(一) 直接渠道

1. 直接向饭店预订的客人订房

客人本人或亲朋好友等通过电话、邮件或面谈等方式直接向饭店预订客房。

2. 与饭店签订商务合同的单位订房

现在很多公司、企业都与饭店签订订房协议，根据协议，饭店会为这些公司、企业的职员或客人提供低于柜台房价的客房。

3. 使用饭店预订系统的客人订房

客人可通过计算机网络向饭店预订客房。连锁饭店拥有强大的计算机订房网络，可相互提供免费的订房服务。另外，一些独立饭店为了与连锁饭店竞争，也建立了自己的订房网络，相互介绍预订的客人。

(二) 间接渠道

1. 旅行社订房

旅行社通过与饭店签订合同，负责为饭店提供客源，并收取一定比例的房价回扣。这类订房大都是团队订房，房价较低。

2. 航空公司订房

近年来，随着旅游业的发展，航空公司的乘客、机组人员和本公司职员的订房量也在不断地增加。

3. 会议组织机构订房

会议的组织者一般会根据饭店的会议设备、会议室规格等情况来选择订房的饭店。这类订房的特点是：除了要预订房间外，还会有其他服务需求，如餐饮、用车等。

4. 政府机关订房

政府机关邀请社会团体、贵宾、专家学者等的用房，或政府举行大型活动所邀请和带来的诸如记者等客源的用房。

二、预订方式

随着通信方式的多样化，预订的方式也越来越多，现介绍几种主要的方式。

(一) 电话订房

电话订房是指客人通过电话向饭店预订房间，它是一种比较普遍的预订方式，适用于提前预订的时间较短的情况，预订电话常被称为"免费预订热线"。

电话订房的特点是：直接、迅速，客人与饭店沟通快捷，并可当场回复和确认客人的订房要求。但由于区域和语言障碍、电话的清晰度以及受话人的听力等影响，往往容易听不清或理解错误。

电话订房的注意事项包括：①使用礼貌用语、规范语言，口齿要清晰，且要简明扼要。②接听电话时，预订员必须首先听清客人的要求并即时记录。在通话结束前，还应完整地复述客人的订房要求，以免出错。③接受预订时，应立即给订房客人以明确的答复。若拒订，要委婉征询客人是否愿意列入等候名单中。④一旦得知客人的姓名，应立即称呼客人的姓，客人会感到亲切。在日期问题的沟通上，应使用日期而不使用星期，以防不够确切而造成误会。

(二) 信函订房

信函订房是指客人以明信片或信件的方式向饭店预订房间。这是一种最古老的方式，但显得很正规。信函订房适合于提前预订时间较长的客人和以接待度假或会议为主的饭店客人。

信函订房的特点是：速度较慢；订房内容完整、准确；信函因附有客人本人的签字和已备案的代理机构印章及负责人签字而犹如一份订房协议，对双方起到一定的约束作用。

信函订房的注意事项包括：①复信要及时，这对客人优先选择本饭店至关重要，因此有些饭店规定从收到预订信起24小时内必须寄出复信。②复信要亲切，避免给客人留下公函或信件的印象，应使客人感到信是专门为他写的。③复信的内容要明确、简洁，对客人在信函中所提的问题要逐一具体答复，不能含糊其词。④复信结尾要有复信人签名或预订处主管的签字，单位的地址要用全称，日期要完整、准确。

(三) 电传、传真订房

电传、传真订房是指客人以电传、传真等形式预订客房。这是较为常见的订房方法，是商务会议主办者和旅行社乐于采用的预订方式，而电传、传真也已成为继电话之后使用频率最高的预订工具。

电传、传真预订的特点是：方便、迅速，内容清晰；有据可查，不易出现订房纠纷。但有时内容欠完整，需要几次往返才能得到全面的信息资料。

电传、传真预订的注意事项包括：①接收或发出电传、传真后，应及时打上时间记号。②回复要迅速、准确，一般应在客人抵店前10天给客人回复确认函，并尽可能用客人原线路发回。③语言要简明扼要，准确规范。④回复费用通常由客人负担。⑤非常着急时，可直接发送确认函。

(四) 口头订房

口头订房是指客人或其委托代理人直接来到饭店，当面预订客房。口头订房所占比例不是很高。

口头订房的特点是：预订员能详细了解客人的需求，并当面解答客人提出的任何问题。同时还可以根据客人的喜好、行为特点，进行有针对性的促销。必要时还可以展示客房供客人选择。

口头订房的注意事项包括：①言谈举止应热情礼貌。②及时把握客人心理状态，灵活运用推销技巧。③当面向客人说明保留客房时间限制，或要求客人预付订金。

(五) 计算机网络订房

计算机网络订房是指借助于现代化的计算机网络工具的新兴订房方式，客人可以通过网络直接获得饭店信息，并发电子邮件进行客房预订。这是目前国际、国内较先进的一种订房方式。

计算机网络订房的特点是：方便、快捷、先进、廉价而又具有个性化。

无论采用哪种订房方式，都应该特别注意以下几方面的问题。

第一，无论饭店接受预订还是拒绝预订，都必须及时给客人以明确的答复。一般来说，客人以何种方式订房，饭店就以同样方式答复。

第二，不预先告知房号，而是在客人抵店的前一天或当天才确定房间。因为房间的租用情况随时都在变化，这样做可避免出现纠纷。

第三，尽可能掌握客人的离店日期。如果客人没有讲清预订几天，饭店通常只为其预订一夜客房。

第四，有时饭店客房已满，对新的订房只好婉拒。但若距离宾客实际抵店日还有一段时间，可以把宾客按日期排列在等候名单上(Waiting-List)。

第五，大多数度假饭店会给购买包价的宾客一些折扣，所以预订员必须了解包价服务的特色和所有关联的价格。

第六，要注意区分团队预订和散客预订。

三、预订种类

尽管客人预订时采取不同的方式，但饭店为便于管理，通常将各种预订归纳为以下4种类型。

(一) 临时性预订

临时性预订是指客人的订房日期与抵店日期非常接近，甚至是抵店当天的订房。这是预订种类中最简单的一种类型。在这种情况下，饭店没有足够的时间给客人以书面确认，只能口头确认，尤其应提醒客人饭店的"取消预订时限"。

按国际惯例，饭店对这类预先订房的客人，会为其保留房间直至抵店日当天下午6时为止，这个时限称为"取消预订时限"。若客人没有在规定时间内到达，该预订即被自动取消。

(二) 保证性预订

保证性预订是指客人通过使用信用卡、预订款或签订合同等方式预订客房。在这种预订情况下，饭店必须保证为这类客人提供所需的客房，同时客人也要保证按时入住，违约者要承担一定的经济责任。保证性预订既维护了客人的利益，同时也维护了饭店的经济利益。

保证性预订通常有以下三种方式。

1. 预付订金担保

预付订金担保即客人或他们的代理人在住客抵店入住前，须先支付一定的预订金。对饭店来说，这是最理想的预订方式。预订金的多少视饭店的规定或当时的具体情况而定，但一般不应少于一天的房费。同时饭店有责任向客人说明保留客房、取消预订、退还订金等有关政策。

2. 信用卡担保

信用卡担保即客人将所用信用卡种类、号码、有效期及持卡人姓名等以书面形式通知饭店，达到保证性预订的目的。如果客人届时既未取消预订也不来入住登记，饭店就可以通过信用卡公司获取房费收入。

3. 订立合同担保

订立合同担保即饭店与经常使用饭店设施的单位(如旅行社、企业单位等团体)签订订房合同，以此确定双方的利益与责任。合同中规定了签约单位通知饭店取消预订的最后期限及违约时房费的收取比例，同时也明确了保证向签约单位提供所承诺的客房等条款。

(三) 等待性预订

等待性预订是指在客房预订已满的情况下，再将一定数量的订房客人列入等待名单(Waiting-List)，如果有客人取消预订或有客人提前离店，饭店就会通知等待客人来店。但要注意，预订员先要征求客人的意见，是否可将其列入等待名单，并向客人说清楚等待预订的含义，以免日后发生纠纷。

学习任务三　预订业务程序的控制

客房预订业务是一项技术性较强的工作，因此必须建立科学的工作程序，并对此程序加以科学的管理与控制。预订业务程序可分为以下几个阶段。

一、受理预订

接到客人的预订申请后，预订员应立即将客人的预订要求与饭店未来时期的客房利用状况进行对照，决定是否可以接受客人的预订。

如果客人的预订要求与饭店的接待能力相吻合，则接受预订。预订人员要使用计算机输入预订资料或填写《预订单》，并向订房人重述主要内容。预订单的内容及格式如表2-1所示。

表2-1　预订单

客人姓名	房间数量	房间种类	客人人数	房价	公司名称
预订到店日期		预订离店日期		航班到达时间	航班离开时间
付款方式		□公付　　　□含早餐 □自付15%服务费		是否确认	□是 □否
备注 特殊要求		□预付款或支票　　□信用卡　　　□走付 □加床　　　　　□婴儿床　　　□双人床			
联系人姓名		联系电话或传真号码		预订人	预订日期

如果客房状况不能全部满足客人的需求，预订员可建议客人做些更改，主动提出一系列可供客人选择的建议，如更换日期、房型、位置等，尽量留住客人。

如果客人不能接受这些建议，可征得客人同意，将客人的订房要求及预订人的姓名、电话等记录在等候名单(Waiting-List)上，随后检查落实，一旦有空房，立即通知客人。

如果客人还是不能接受的话，预订员应用友好、遗憾的态度希望客人下次光临本店。如果是书面预订，有些饭店还专门设计了书面婉拒预订的致歉信(见表2-2)。

表2-2 婉拒致歉信

尊敬的××先生/女士：

感谢您对本饭店的关照与支持。非常遗憾地向您解释，本饭店××××年××月××日的客房已经订满，无法接受您的订房要求，我店深表歉意。衷心希望今后能有机会为您服务。如需要我们协助预订其他饭店的客房，我们将非常乐意为您提供帮助。

顺颂商祺！

饭店前厅部经理
××××年××月××日

受理预订时要特别注意，用建议代替简单的拒绝是非常重要的，不能因为难以满足客人的最初要求而终止服务，而应主动提出一些修改建议供客人选择。这不仅可以最大限度地把客人留住，更有助于饭店树立良好的信誉和形象。

二、确认预订

接受客人预订后，预订部的下一步工作就是让客人签发预订确认书(见表2-3)，对客人的预订加以确认，以示对客人订房的承诺。

(一) 确认的两种方式

1. 口头确认

对于客人在即将抵达饭店前或在抵店的当日进行的临时预订，由于时间仓促，饭店一般只能给予口头确认，即当面答复客人的订房要求并口头承诺，但必须把需要提醒客人的注意事项(如饭店保留客房的时间)告知客人，以免引起不必要的纠纷。

2. 书面确认

预订员采用信函、传真等书面形式向客人确认所预订的各项内容及要求。按国际惯例，只要客人订房与抵店日期之间有充足的时间，饭店应向客人寄发书面订房确认书函，至少在抵店前一周把确认书寄到客人手中。对于团体预订则要提前更长时间。对于重要客人须总经理亲自签发，以示尊重和重视。书面确认不仅是复述客人的预订内容及要求，同时也要正式告知客人饭店相关服务的价格、付款方式等规定。

(二) 书面确认的意义

(1) 可以使客人较精确地证实饭店是否能够满足其订房要求，减少失误和差错。

(2) 可以使饭店了解更多的、更准确的客人资料，并得到证实。

(3) 以书面形式在饭店和客人之间达成正式协议，可使双方行为都受到约束。

(三) 确认书的内容及格式

确认书的内容及格式见表2-3。

表2-3　订房确认书

订房确认书

客人姓名		
到达日期------------　　班机号-----------　　离店日期----------		
房间种类	人数	房价

备注---

请将订房确认书交与接待部

公司--

地址--

电话--

注意：预订客房将保留至下午六时，迟于六时到达的宾客，请预先告知。若有何变动，请直接与本饭店联络。

确认者-------------------------------　　　　日期--

订房办公室-------------------------------

三、预订的更改和取消

虽然预订已被确认，但客人在抵店前会因为各种原因对以前的预订内容，如日期、房型、人数等提出更改，甚至取消。因此预订员要特别熟悉客房状况，做好处理此类问题的准备。

(一) 预订的更改

(1) 根据客人姓名，抽出原预订登记卡，对客人的变更要求、客房预报表、预订控制簿等进行核对，以确认能否满足客人的要求。在填写预订变更时，应该把变更的内容填写在备注栏内，不能在原预订登记卡上涂改。

(2) 根据更改记录，修改客房预订总表和预订控制簿，同时更改计算机里的内容。

(3) 按照接受一个新的预订工作的程序办理更改预订手续。

(4) 若变更的内容涉及其他部门，如提供接机、订餐、鲜花、水果、房内布置等服务的部门，应尽快向有关部门发变更通知单。

(5) 如到达日期有变化，就将卡片取出放在备用排上；如只是变更客房类型或间数，则排列顺序不变。

(6) 如果时间允许，应重新给客人发送一份预订确认书，以表示前一份确认书已失效。

(7) 对于团体订房的变更，要按合同办理。一般来说，旅行社要求取消订房起码要在原定团队抵达前10天通知饭店，否则按合同收取损失费。

(二) 预订的取消

(1) 询问客人姓名、地址及抵店日期和离店日期。

(2) 建议客人进行预订更改。

(3) 如客人不同意更改，向客人表示抱歉，期待客人下次光顾。

(4) 将预订登记卡抽出，盖上"已取消"印章，在备注栏里注明取消日期、取消人姓名及取消理由，并由受理人签字。

(5) 立即在控制簿上注销。

(6) 将预订登记卡放在取消类档案柜中存档。

四、订房核对

由于客人抵店前经常发生更改或取消预订的情况，因此，如果客人的预订日期离抵店日期较远，在客人抵店前，预订员应做好订房的核对工作，核对工作一般分三次进行。

(一) 第一次核对

第一次核对即在客人抵店日期的前一个月，每天核对下月同一天抵店的客人名单。预订员以电话、书信或传真等方式直接与订房人联系，核对客人的预订有无变化。核对的主要对象是重要客人和重要团体。

(二) 第二次核对

第二次核对即在客人抵店日期的前一周，每天核对下周同一天抵店的客人名单。程序和方法与第一次核对相同。核对的重点是抵达时间、更改变动的订房和重要客人的订房。

(三) 第三次核对

第三次核对即在客人抵店日期的前一天，核对下一天抵店的客人名单。预订员要将准确的订房信息及时、完整、准确地传达至总台接待处。核对的主要内容是非担保订房和变更订房以及重要客人、有特殊要求客人的订房。

五、抵店前准备

(1) 提前一周或数日，将主要客情(如VIP客人、大型会议团体、客满等情况)通知相关部门。

(2) 抵店前夕，将具体的接待安排以书面形式通知有关部门。

(3) 抵店当天，前台接待员根据客人名单，预分好房间，并将有关细节(变更或补充)通知有关部门。

学习任务四 超额预订及预订过度处理

一、超额预订的意义

客房是一种不具储藏性的特殊商品，当天的客房如果销售不出去，其价值就会永远地消失，无法弥补。尽管采用了订房确认、预收订金等控制方法，客人仍有可能由于各种主客观原因不能抵店、推迟抵店或提前离店等。这就会使客房闲置，造成损失，所以饭店经常要采取一定的措施来防止损失。超额预订便是防止损失的措施之一。

超额预订是指在饭店订房已满的情况下，再适度增加订房数量，以弥补少数客人因预订不到、临时取消或提前离店而出现的客房闲置。

二、超额预订量的确定

超额预订多出现在旅游旺季或节假日，超额预订既是一门艺术，又是一种冒险，需要有个合适的"度"。按国际惯例，饭店接受超额预订的比例应控制在5%~15%。但各饭店还应根据各自的实际情况，合理控制比例，一般应考虑如下几个因素。

(一) 历年订房资料

根据客人预订情况，可将客人分为：预订不到者 (No-Shows)；临时取消者 (Cancellations)；

提前离店者(Under Stays)；延期住宿者 (Over Stays)；提前抵店者 (Early-Arrivals)。

根据上述资料，可用公式计算超额预订数量

$$X=(A-C+X)r+Cf-Dg$$

$$\therefore X=\frac{(A-C)r+cf-Dg}{1-r}$$

式中：X——超额订房数；A——可供出租客房总数；C——继续住客房数；r——预订不到及临时取消和变更的比率；D——预期离店客房数；f——提前离店率；g——延期住宿率。

(二) 团队预订和散客预订的比例

通常情况下，如果团队预订较多，那么超额预订比例应小些；如果散客预订较多，则超额预订比例可大些。

(三) 淡、平、旺季的差别

旺季客房供不应求，客人预订后取消的可能性较小，故超额预订比例应小些；平季客人预订后取消的可能性相对旺季来说大一些，故超额预订比例应大些；淡季一般不会客满，故不存在超额预订问题。

(四) 预订日期提前量

如果明天预订满了，超额预订就应慎重，因为只有一天的提前量，客人变更的可能性会很小；反之，如果预订日期提前很多，则超额预订比例可大些。

(五) 预订中各种预订所占的比例

若保证类预订比例大，则超额预订比例可小些；若确认类预订较多，则超额预订比例可大些；若一般类预订较多，则超额预订比例可更大些。

(六) 当地同级饭店此时是否已客满

若当地同级饭店已经客满或接近客满，则应减少超额预订比例，甚至不超额预订；反之，应提高超额预订比例。

(七) 本饭店在市场上的信誉程度

若本饭店在市场上的信誉程度好，到达率就会很高，因此超额预订比例应小些；反之，应大些。

(八) 未来几天的天气情况

如果天气状况不好，会影响客人如期到达，超额预订比例应大些；反之，应小些。

三、超额预订过度的处理

超额预订虽然是饭店获得最佳客房利用率的有效手段，但同时也存在一定的风险，毕竟超额预订量是根据过去的统计资料和经验确定的，而市场是变幻莫测的，所以超额预订免不了会发生预订过度现象，从而发生超额预订纠纷。一旦发生预订过度现象，饭店应积极采取补救措施，来妥善处理纠纷，建议采用以下几种方法。

(1) 在饭店内部挖潜，如在会议室等空地加床、打折出租轻微损坏的客房等。

(2) 与部分客人商量劝其退房，同时为其提供方便。

(3) 仅某类客房超额预订时，可采用房间升级的办法。

(4) 对一般类订房不予受理。

(5) 立即与本地区同级同类饭店联系，安排客人暂住。

(6) 派车免费将客人送到联系好的饭店暂住一夜。若房价超出本店，其余额部分由本饭店支付。

(7) 免费提供一次或两次长途电话或电传服务，以便客人将变更的地址通知家属和有关方面。

(8) 对于连住的又愿回本店的客人，次日一有空房，可将客人接回。

(9) 客人在店期间享受贵宾待遇。

(10) 如果客人属于保证类预订，还应支付客人在其他饭店住宿期间的第一夜房费，或客人搬回本饭店后可享受一天免费房的待遇。

典型案例

一天，经大堂副理及前台的配合，已将大部分客人安排妥当。当时2305客人为预离房，直到18时才来前台办理延住手续，而此时，2305房间的预抵客人已经到达(大堂副理已在下午多次打电话联系2305房间预离客人，但未找到)。大堂副理试图向刚刚到达的客人解释饭店超额预订，并保证将他安排在其他饭店，一旦有房间，再将其接回，但客人态度坚决，而且多次表示哪怕房间小一点也没关系，他就是不想到其他饭店。在值班经理的应允下，大堂副理将客人安排到值班经理用房，客人对此表示满意。

资料来源：百度文库. http://wenku.baidu.com/view/a5b36c48f242336c1eb95ed3.html，有改动

思考题：

1. 预离客人未走，预抵客人已经到达，而一时又没有周转房调剂怎么办？

2. 已有预订的客人在没有房间的情况下又不愿意到其他饭店入住怎么办？

3. 如何最大限度地开拓房源？

单元小结

本单元首先介绍了客房预订的意义与基本概念，其次分别介绍了预订的渠道、预订的方法、预订的种类以及预订业务程序的控制，最后详细介绍了超额预订的含义、方法以及对预订过度进行补救的方法与技巧。

客房预订是指客人在抵店前向饭店预先提出用房的具体要求。客房预订的形式多种多样，有电话预订、传真预订、网络预订等。超额预订是指在饭店订房已满的情况下，再适度增加订房数量，以弥补少数客人因预订不到、临时取消或提前离店而出现的客房闲置。超额预订既是一门艺术，又是一种冒险，需要有个合适的"度"。

复习思考题

1. 什么是预订？意义何在？

2. 客房预订的渠道、方式、种类有哪些？

3. 预订业务的基本程序是什么？

4. 什么是超额预订？

5. 超额预订的重要意义是什么？

6. 如何确定超额预订的量？

7. 对预订过度如何处理？

课外实训

实训目的：通过实训，掌握接受预订客房的有关工作技能和操作步骤。

实训内容：电话、信函、传真、口头预订的受理。

实训方式：实验室现场操作。

学习单元三
前厅接待业务

课前导读

　　客人入住接待是前厅对客服务全过程的一个重要阶段，前台接待是指入住登记，通常由前厅接待处负责。接待处除了为客人办理入住登记手续外，还要推销饭店其他服务设施。通过办理入住手续，可以借助法律手段明确饭店与客人之间的责、权、利。接待员销售客房的技巧及运用饭店折扣配置的能力如何，是否能用最佳房价销售出最多客房，在很大程度上决定了饭店收益管理目标能否实现。

　　本学习单元主要介绍饭店前厅接待业务的意义，接待业务的程序及客房状态显示与控制。

学习目标

　　知识目标：通过本单元的学习，了解前厅接待工作的意义；熟悉前厅接待业务基本内容和程序；掌握前台接待服务所需要的技能和技巧。

　　能力目标：通过本单元的学习，能够熟练掌握前厅接待服务技能和操作技巧。

学习任务一　接待的意义

　　客人入住接待是前厅对客服务全过程的一个重要阶段，它的主要任务是为客人办理入住手续，根据不同客人的入住要求合理分配房间、为客人建账以及调房等。通过办理入住手续，可借助法律手段明确饭店与客人之间的责、权、利，同时通过客人填写的登记表和身份验证，可获得客人的个人资料，为饭店营销提供重要的一手资料。总台接待处是客人抵离饭店的起点和终点，是总台的中枢部门。因此，前台接待工作的效率，对整个饭店形象和营销有着重要的意义，具体体现为以下几个方面。

　　1.充分获取客人信息

　　通过为客人办理入住登记手续，饭店可获得客人的一些基本资料。例如，客人的职业、住宿的天数、付款方式等，这样可为饭店提供重要的一手资料。

2. 与客人之间建立正式、合法的服务关系

通过为客人办理入住手续，可使饭店与客人之间建立正式的、合法的关系，从而明确饭店与客人之间的责任和义务，为客人和饭店双方的利益提供一定的保障。

3. 充分协调各部门对客服务过程

接待处是总台的中枢部门，在对客服务过程中，要经常与礼宾部、问讯处、收银处、客房部、餐饮部及工程部等部门协调合作，共同为客人提供良好的服务。

4. 使饭店收益管理的目标得以实现

接待员销售客房的技巧及运用饭店折扣配置的能力如何，是否能用最佳房价销售出最多客房，在很大程度上决定了饭店收益管理目标能否实现。

学习任务二 接待业务程序的控制

前台接待业务的程序主要有：预订识别、填写入住登记表并查验证件、排房及定价、办理宾客入住登记手续、确认付款方式、完成入住手续、建立客人账单及相关表格制作与存档等。

一、预订识别

当客人向前台走来，接待员应面带微笑，向客人问候致意，表示欢迎，主动询问客人有无预订。得知客人已办理预订，应问清、记准客人的订房要求，立即核对当日抵店客人名单或计算机预订记录，然后向客人复述预订内容；若客人没有预订，应主动询问客人住宿要求并查看当日客房可出租状况，向客人介绍客房情况、饭店的其他设施及服务项目。

二、填写入住登记表并查验证件

(一) 填写入住登记表

(1) 对于已办理预订的客人，由于饭店在客人订房时就已掌握其基本资料，因此在客人抵店前就可以将其有关资料打印在入住登记表中，存入专用箱中。当客人抵店时，接待员查出该客人的入住登记表，由客人填写其他内容并签字即可。

(2) 对于未办理预订、直接抵店的客人，接待员应主动说明入住登记的有关手续和内容，向客人热情耐心地介绍客房特点和价格，尽可能缩短办理入住登记手续的时间。

(3) 常见的入住登记表如表3-1、表3-2所示。

表3-1　散客入住登记表

英文姓		英文名		性别	
中文姓名		国籍		出生日期	
证件种类		证件号码		签证种类	
签证有效期		到店日期		离店日期	
接待单位		房号			
职业及工作处所		停留事由		□服务 □观光 □其他	
永久住址					
离店时我的账目结算方式： □现金 □旅行支票 □信用卡 □旅行社凭单 □其他		房价			
		退房时间是中午十二时整 宾客签字			
备注		前台接待		前台收银	

表3-2　团队入住登记表

团队名称				国籍			电脑号	
预订号				客户名称				
陪同房号				领队房号				
房间类型	单间	双间	三间	豪华间	套间	陪同床/间	合计	人数
用房数量								
在店时间								
叫早时间								
早餐								
午餐								
晚餐								
结账方式								
备注								

接待员		陪同		联系电话		日期	

(二) 查验证件

在填写入住登记表的同时，要请客人出示有效证件进行查验。应分清证件的种类，看清证件号码，认准签证种类，核验签证有效期。

常见的证件有以下几种。

(1) 护照。护照分为以下几种：外交护照、劳务护照、公务护照、普通护照、特别护照、团体护照、联合国护照等。

(2) 身份证件。身份证件分为以下几种：旅行证、身份证、海员证、回美证、返日证、香港特别行政区护照、香港居民来往大陆通行证、港澳同胞回乡证、中华人民共和国旅行证、中华人民共和国外国人居留证和中华人民共和国外国人临时居留证。

三、排房及定价

接待员要根据客人在入住登记表上填写的有关资料及客人的喜好、习惯、类型来分房和定价。

(1) 对于已办理预订的客人，由开房组预留房间。

(2) 对于未办理预订、直接抵店的客人，在充分了解客人用房需求的基础上，根据当时的可出租房状况和饭店未来用房计划，热情地向客人推荐、介绍各种类型的客房并报价，待客人同意并确认后，安排房间。

(一) 排房的顺序

排房通常可按下列顺序进行。

(1) 贵宾和常客。提前将这类客人用房安排好，并及时通知其他部门和岗位。

(2) 团队。由于团队用房量大，抵店前和离店后会经常出现预留房闲置、待售房间比较集中和数量多等情况，要注意采用相对集中排房的原则，尽量避免团队与散客、团队与团队之间的互相干扰，同时也便于行李接送。

(3) 已付订金等保证类预订客人。

(4) 要求延期续租的客人。

(5) 无预订、直接抵店的客人。

(二) 排房时的注意事项

(1) 要尽量使团体客人(或会议客人)住在同一楼层或相近的楼层。这样做是为了：①便于同一团队客人之间的联系。②团队离店后，空余的大量房间可以安排下一个团队，有利于提高住房率。③散客由于怕干扰，一般也不愿与团队客人住在一起。因此，对于团队客人要提前分好房间或预先保留房间。

(2) 对于残疾、年老、带小孩的客人，尽量将其安排在离服务台和电梯较近的房间。

(3) 把内宾和外宾分在不同的楼层。内宾和外宾有不同的语言和生活习惯，因此，应分别安排在不同的楼层，以方便管理，提高客人的满意度。

(4) 对于常客和有特殊要求的客人应予以照顾。

(5) 不要把敌对国家的客人安排在同一楼层或相近的房间。如美国客人和伊拉克等中东国家的客人，甚至连美国人和日本人由于存在贸易摩擦和文化差异也有必要安排在不同的楼层。

(6) 要注意房号数字的忌讳。如西方客人忌"13"，我国港澳及沿海地区的客人忌"4""14"等带有"4"(同"死")字的楼层或房间号，因此，不要把这类房间分给上述客人。例如，某年大年初一，一位香港客人来到某饭店，当发现服务员给他安排的房间是1444号时非常恼怒，认为很不吉利，于是愤然离去。考虑到这些忌讳，一些饭店连"13"层楼都没有标出，而用"12 A"代替。

(7) 我国港澳台同胞性格比较外向，说话声音较大，且以团队为多，故安排时应与欧美客人的楼层尽量分开。

(8) 对于度蜜月的新婚夫妇，应推销楼层边角的客房或套房。

(三) 客房的定价方法

1. 常见的报价方法

(1) 由高到低报价，又称之为号码讨价法。

(2) "冲击式"报价，即先报出房间价格，然后介绍该房价所能提供的服务设施和服务项目等，适时介绍价格比较低的房间。

(3) "鱼尾式"报价，即先介绍所提供的服务设施和服务项目，最后报出房价。这种报价方式适合价格比较高的房间，可突出物美，加深客人对物美的第一印象，减弱高价对客人的影响。

(4) "夹心面包"式报价，即在介绍提供服务项目的过程中进行报价。这种报价方式适合中档房间。先介绍房间类型，然后报价。如客人觉得比较贵，可以再补充介绍特点，以加强物美的印象。

(5) 利益引诱法，即在客人已经接受了较廉价客房的基础上，再向客人提出他只需在原来的收费标准的基础上稍微提高些，便能得到更好一点的客房(当客人所需要的客房类型已没有，再向他推销高价房时，可采用此法)。

2. 报价推销时应注意的事项

客房确定后，接待员就可在价格折扣的权限范围内或根据饭店的信用政策、条文给予客人定价。接待员在报价时应注意将重点放在介绍饭店产品上，而不适合在价格上做文章，需要注意以下事项。

(1) 推销时要突出客房产品的价值。

(2) 推销时要给客人提供可比较的范围，请客人自己选择。

(3) 推销时要用正面介绍引导客人。

(4) 注重对特殊对象的推销。对于查询、问价的客人，要迎合其口味；对于犹豫不决的客人，要及时给予建议；对于消费能力有限的客人，要给予有针对性的推销。

(5) 注重推销饭店其他服务项目。

四、办理宾客入住登记手续

(一) 办理无预订散客入住手续的程序与标准

第一步，热情微笑，主动与宾客打招呼。切记不能等宾客询问后再说话，这是非常不礼貌的行为。

第二步，当宾客说明他需要住宿时，首先与宾客确认是否有预订。

第三步，当确认宾客没有预订时，立即按照目前饭店的客房状况，向宾客介绍饭店客房的种类。

第四步，如果宾客询问房价，要耐心、热情地为其介绍。

第五步，当宾客犹豫不决时，要了解宾客的情况，准备向宾客进行推销。

第六步，了解宾客的情况后，在掌握其特点的基础上，恰当地推销。

第七步，当宾客做出决定后，请宾客填写入住登记表。

第八步，在宾客填写表格期间，接待员抽出空房卡按照宾客的意愿为其分配房间。

第九步，接过宾客填写完毕的表格，此时，根据表格内容了解宾客的姓名，立即称呼宾客姓名表示感谢。

第十步，请宾客出示身份证明(身份证、护照)，与登记表上的内容进行核对。

第十一步，根据宾客住宿天数计算房价，与宾客进行确认，并询问宾客付款方式。

第十二步，宾客确认无误后，按照饭店制度，向宾客收取部分押金。按照宾客付款的方式，完成收取现金或划账手续。

第十三步，宾客交付押金后，为其开发票或在住宿登记卡的备注栏内盖上"Deposit(押金)"的印章，同时填入所交款的数目。

第十四步，交给宾客房卡，在旁边没有他人的情况下，当面向宾客说明房号。

第十五步，安排行李员引领宾客到房间。

第十六步，预祝宾客居住愉快。

第十七步，为宾客办理入住登记后，接待员要立即填写"抵店宾客名单"。

第十八步，将住客登记表的有关内容输入计算机，相关事项必须填入备注。对于未使用计算机的饭店，要制作五联客房状况卡条，并尽快送往有关部门。

第十九步，整理宾客填好的表格、资料，分类存档，以便建立客史档案。

第二十步，制作客房状况卡条。

第二十一步，制作宾客账单。

(二) 办理有预订散客入住手续的程序与标准

第一步，当宾客走近时，热情、主动地与宾客打招呼。

第二步，一般情况下，宾客会主动介绍自己有预订。如果宾客没有介绍，应主动询问宾客有无预订(与接待没有预订散客的步骤相同)。

第三步，得知宾客有预订后，立即查询抵店名单和预订卡并向宾客说明，只顾自己查询而对宾客置之不理的行为是很不礼貌的。

第四步，查到宾客的预订资料后，立即与宾客确认预订卡上的宾客姓名、宾客指定的房间类型、住宿费用、逗留天数等情况。

第五步，确认无误后，如果是临时预订或确认预订的宾客，礼貌地向宾客说明饭店的收取押金制度，并报出押金的确切数目。

第六步，宾客交付押金后，为其开发票或在住宿登记卡的备注栏内盖上"Deposit(押金)"的印章，同时填入所交款项的数目。

第七步，把房卡交给宾客，在旁边没有他人的情况下，当面向宾客说明房号。

第八步，通知行李员引领宾客到房间。

第九步，预祝宾客居住愉快。

第十步，为宾客办理入住登记后，接待员要立即填写"预抵店宾客名单"，注明该宾客已经到达。

第十一步，将住客登记表的有关内容输入计算机，相关事项必须填入备注。对于未使用计算机的饭店，要制作五联客房状况卡条，并尽快送往有关部门。

第十二步，整理宾客填好的表格、资料，分类存档，以便建立客史档案。

第十三步，制作客房状况卡条。

第十四步，制作宾客账单。

(三) 办理团队入住手续的程序与标准

第一步，团队抵店时，由大堂值班经理、团队联络员迎接，致欢迎辞并简单介绍饭店的情况。

第二步，团队联络员告知团队领队及宾客有关事宜，其中包括：早、中、晚餐地点及饭店其他设施。

第三步，将钥匙信封分发给宾客，或交给团队领队，由其分发给宾客。

第四步，大堂值班经理、团队联络员负责将宾客送至电梯。

第五步，客房部主管及楼层服务员在楼层电梯口迎接宾客，并引领宾客进入客房。

第六步，团队联络员与陪同或领队再次确认下列事项：用房数有无变化；人数及宾客姓名有无变化；用餐要求有无变化；对叫醒服务的要求；行李搬出时间及离店安排；其他事项。

第七步，前台接待员要将准确的房号、名单送到行李部，便于行李发送。

第八步，接待员或开房员制作团队接待名单、更改通知单、特殊要求通知单等资料，并尽快送往有关部门。

第九步，收回宾客登记表。

第十步，制作团队主账单及分账单。

第十一步，填写在店团队统计表，并及时将有关信息输入计算机。

第十二步，将团队主账单及分账单送至收银处汇总。

(四) 办理VIP入住手续的程序与标准

第一步，按照饭店接待贵宾的规格，分别由总经理、前厅部经理、前厅部副经理做好在大门口迎接的准备。

第二步，大堂副理向贵宾介绍饭店设施，并协同总经理或前厅部经理一同将贵宾送至房间。

第三步，在房间内为贵宾办理入住登记手续。

第四步，复核有关VIP宾客资料的正确性，并准确输入计算机，在计算机中注明VIP宾客以提示其他部门人员注意。

第五步，为VIP宾客建立档案，并注明身份，以便作为订房和日后查询的参考资料。

五、确认付款方式

确认付款方式的目的是确定客人住店期间的信用限额，确定饭店和客人之间的信用关系，确保饭店的利益不受损害，也能加快退房、结账时的速度。不同的付款方式所对应的信用限额不同。客人常采用的付款方式有：现金、信用卡、转账、支票等。

(1) 现金。对饭店而言，现金支付风险小，利于周转。但要注意及时通知客人补交预付款，防止发生逃账现象。接待员根据饭店订金政策和客人交付的预付款额，决定信用限额。

(2) 信用卡。接待员应首先核验客人所持信用卡(外币卡或人民币卡)有无残缺、破损以及有效期限和使用范围等，然后使用压卡机影印签购单，告诉客人信用限额，并将信用卡退还客人，最后将签购单和账单一并交结账处。一般信用卡公司对持卡人有限额规定，而饭店也可以制定自己的饭店限额。

(3) 转账。转账支付一方面可以大大简化客人抵离店账务手续，另一方面可以促使公司、旅行社等客源组织单位不断为饭店带来新的、更多的客源。因此，饭店对这些客户单位的信用、账务状况等应有清楚的了解和认识。接待员将客人要求与预订单付款方式核准无误后，向客人具体说明转账款项范围，如房租、餐费、电话费、洗衣费等，以及办理客人自付项目的有关手续及规定。

(4) 支票。通常国有企业、公司等用支票支付，国外客人使用旅行支票支付，饭店有关部门应加强对总台接待员、收款员核收支票的业务培训。

六、完成入住手续

排房、定价、确定付款方式之后，接待员应制作房卡，并请客人在房卡上签名，提醒客人注意房卡上的客人须知内容，并将制作好的房间门钥匙交给客人。有些饭店还为客人提供用餐券、免费饮料、宣传品等。接待员还应安排行李员运送客人行李，并将客房楼层与电梯位置告诉客人，祝客人住店期间愉快。此外，接待员应将客人入住信息迅速通知总机及客房服务中心，并改变电脑记录，更新客房状态表。

七、建立客人账单及相关表格制作与存档

对于使用信用卡结账的客人，应在印制好的账单上打印客人姓名、抵店日期、离店日期、房号、房间类型及价格，然后将账单连同住宿登记表和客人的信用卡签购单一起交前台收款员保存。

对于使用转账方式结账的个人，需制作两份账单：一份记录应由签约单位支付的款

项，这是向签约单位收款的凭证；另一份记录客人需自付的款项。

团队账单包括主账单和分账单两份：一份是团队全账单，用来记录与全团有关的费用，这部分费用由组团单位或接待单位支付；另一份团队分账单用来记录需由个人支付的款项，分账单的数量可以根据用房数和团队人数来确定。

学习任务三 客房状况显示与控制

随着客人的入住、离店，饭店客房状况随时处于变化中，因此，接待员另一项重要的工作内容是：显示和控制客房状况。只有掌握、控制好客房状况，才能准确、高效地进行客房销售。

一、客房状况显示

饭店通常配有两种客房状况显示系统，即客房短期状况显示系统和客房长期状况显示系统。

(一) 客房短期状况

客房短期状况亦称客房现状，该系统能够显示每一间客房的当前状态。前台接待处的排房、分房等工作完全依赖于此系统。常见的客房短期状况有以下几种。

(1) 走客房(Check Out，C/O)：已退房结账，房间已经使用过。

(2) 住客房(Occupied，OCC)：客人正在住用的房间。

(3) 长住房(Long Staying Guest，LSG)：长期由客人包租的房间，也称"长包房"。

(4) 贵宾房(Very Important Person，VIP)：该房间的客人是饭店非常重要的客人。

(5) 空房(Vacant Room，VR)：该房一天前已经没有客人住。

(6) 维修房(Out of Order，OOO)：该房间的设施设备发生故障正在维修，暂不能出租。

(7) 外宿房(Sleep Out，S/O)：该客房已经租用，但住客昨夜未归。为避免发生逃账等意外情况，客房部应将此种客房状况通知前厅部。

(8) 已清扫房(Vacant Clean，VC)：该客房已清扫完毕，可以重新出租，亦称"OK房"。

(9) 请即打扫房(Make up Room，MUR)：该客房因会客或其他原因，需要服务员立即打扫。

(10) 无行李房(No Baggage，N/B)：该房间的住客无行李，应及时通知总台。

(11) 保留房(Out of the Turn，OOT)：该房客临时外出几天，不退房。

(二) 客房长期状况

客房长期状况亦称客房预订状况，该系统能够显示未来某一时段不同类型客房的可销售数量。

二、客房状况控制

(一) 计算机系统控制

已使用计算机系统管理的饭店，其客房状况变更和转换过程是实时和自动的，屏幕显示直观，一目了然。

(二) 手工操作控制

采用传统手工操作方式的饭店，主要通过变换客房状况卡条、及时且正确填写和变更控制表格、加强信息沟通等方法来控制客房状况。主要填写的表格有：《客房状况控制表》(见表3-3)、《客房状况调整表》(见表3-4)、《客房状况差异表》(见表3-5)。

表3-3　客房状况控制表

日期_____

时间_____　　　　　　　　　　　　　　　　　　　　　　　经办人_____

客房使用情况		客房状态	
客房总数…………………………435		住房数…………………………197	
待修房……………………………13		尚未打扫………………………168	
饭店内部用房………………………0		打扫完毕…………………………29	
		空房……………………………225	
可售房…………………………422		尚未打扫…………………………25	
住客房…………………………197		打扫完毕………………………200	
预期离店…………………………15			
今晚可售房数…………………240			
确认类订房　团体…………………0			
散客…………………7			
非确认类订房　团体………………2			
散客………………41			
尚未出租的客房………………190			
现时出租率……………………55%			

表3-4　客房状况调查表

星期_____ 日期_____　　　　　　　　　　　　　　　　　　　　　经办人_____

序号	类型	姓名	需作调整的日期		备注
			自	至	

注：N/R——未经预订、直接抵店；　EXT——延期离店；CNL——取消；UX DEP——提前离店；
NS——已订房，但未抵店

表3-5　客房状况差异表

分送
财务部：
前厅部：
客房部：　　　　　　　　　　　　　　　　　　　　　日期_____　　时间_____

房号	客房部状况	前厅部状况	备注

典型案例

1月14日夜里0点30分，一位有些醉意的客人到饭店要求入住，前台员工根据客人的要求将其安排到豪华间706房间，而误给他做了一把705房的钥匙，但在电脑输入客人资料时，所输房号仍为706，并通知客房部706房有客人入住。服务中心员工接到电话后立即通知楼层服务员706房间有客人入住，并在登记本上将706房间的入住时间与当晚10点15分入住的703、704房间写在了一个时间栏内。

1月15日早上，客房部7层领班在查房时猛然间发现705房内有一位男士在睡觉，而电脑却显示为空房，便立即向前厅部经理汇报此事。15日上午9点37分，该房客人到前台结账时，前台服务员询问其房间号，他也说是706房间。但当前台通知客房部查走客房时，客房领班发现，706房确实没有住过的痕迹，该客人结账后离店。

1月16日，前厅部经理将此情况汇报给分管副总，分管副总马上责成保卫部调查此事。

保卫部人员首先读钥匙卡，查明705房确实做过钥匙，是前台一名员工杜某所做。随即找该员工谈话，了解情况。该员工说只记得给706房的客人做过钥匙，未做过705房的钥匙。

保卫部人员又到服务中心查看住客登记本，登记本上也没有当晚0点左右到店客人的记录，遂又询问当班主管客人入住的情况。这时保卫部人员认为，前台员工很有可能私自给客人开房，私收了客人的住宿费而没录入电脑，所以又继续查问前台员工杜某，但杜某否认自己有违纪行为。为深入调查此事，保卫部人员到财务部对前台电脑入账时间和做钥匙时间进行反复查证，最终发现705房的钥匙是0点45分传入电脑的，电脑里有706房入住登记。根据这一线索，保卫部人员又向楼层当班主管了解706房当晚入住情况，并通过读取钥匙卡，证实706房确实无住客、无做钥匙记录。结论是：前台员工做错钥匙了。

资料来源：豆丁网．http://www.docin.com/p-354898171.html，有改动

思考题：

1. 此案例中哪些环节出现了问题？为什么会出现问题？

2. 如果客人投诉应如何处理？

单元小结

本单元首先介绍了前台接待的意义。其次介绍了前台接待业务的程序：预订识别、填写入住登记表及查验证件、排房及定价、办理宾客入住手续、确认付款方式、完成入住登记手续、建立客人账单及相关表格制作与存档等。最后介绍了客房短期和长期房态的显示与控制方式。

客人入住接待是前厅对客服务全过程的一个重要阶段，前台接待的主要内容就是入住登记，通常由前厅接待处负责。接待处除了为客人办理入住登记手续外，还要推销饭店其他服务设施。通过办理入住登记，可充分获取客人信息，并与客人之间建立正式、合法的服务关系，从而使饭店收益管理的目标得以实现。

复习思考题

1. 前台接待有何意义？

2. 简述前台接待业务流程。

3. 如何显示和控制房态？

课外实训

实训目的：通过实训，掌握前台接待业务的技能和技巧。

实训内容：办理入住登记、客房状态显示与控制。

实训方式：实验室现场操作。

前厅礼宾业务

▌课前导读▐

礼宾服务就是要以礼待客，能及时发现宾客需求并及时满足宾客需求。我国星级饭店一般设有礼宾部，又称行李部或庶务部，主要向宾客提供店内外的迎送服务、行李服务及委托代办服务等。它与前台接待、前台问讯、前台收银等部门平行设置。

本学习单元主要介绍饭店礼宾服务的意义，礼宾服务的基本业务内容和服务程序。

▌学习目标▐

知识目标：通过本单元的学习，了解礼宾服务中的饭店代表服务、店门迎送服务、行李服务及委托代办服务的基本内容；熟悉各种礼宾服务的基本内容和程序；掌握礼宾服务所需要的技能和技巧。

能力目标：通过本单元的学习，能够熟练掌握礼宾服务所需要的技能和技巧。

学习任务一 ▶ 礼宾服务的意义

为了体现饭店的档次和服务水准，许多饭店设立了礼宾部。一般将礼宾部与前厅接待处、问讯处、收银处等部门平行设置。礼宾部提供全方位、一条龙服务，在岗位上一般设有门童、行李员、饭店服务代表等，主要业务有：饭店代表服务、店门迎送服务、行李服务、委托代办服务等。为了能统一指挥、协调对客服务，饭店常在大堂某一区域设置礼宾值班台，由礼宾司担任值班工作。

礼宾服务是饭店前厅服务的窗口，是给宾客留下"第一印象"和"最后印象"的关键服务阶段，对饭店的形象树立起着重要的作用。

学习任务二 饭店代表服务

饭店代表代表饭店在机场、车站、码头等主要出入境口岸迎接宾客,提供接送服务,并同时向宾客推销饭店产品。饭店代表服务是饭店整体服务的向外延伸及扩展,服务内容及程序如下所述。

一、接客服务

(一) 迎接有预订的宾客

(1) 在前台接待处领取需要接站的宾客名单后,详细了解要到达的宾客所乘的航班、车次等,以确认宾客到达的时间。

(2) 准备迎接宾客的告示牌。

(3) 安排迎接宾客的车辆。

(4) 接乘坐飞机的宾客时,一般应提前30分钟到达机场;接乘坐火车、轮船的宾客时,应提前20分钟到达车站或码头。

(5) 到达机场、车站或码头后,及时查看宾客乘坐的飞机、火车或轮船是否准时到达,若有意外情况,要及时与总台联络,通知饭店。

(6) 宾客到站后,应主动寻找、迎接,待确认是预订本饭店的宾客后,向宾客问好,介绍自己的身份。

(7) 如果宾客携带的行李较多,可帮助宾客提拿行李。

(8) 安排宾客上车后,在引领的途中,主动介绍饭店的服务与设施,方便宾客了解情况。

(9) 将宾客接到饭店后,引领宾客到前台办理入住手续。若是贵宾,要请大堂副理或有关人员出面迎接。

(二) 招揽没有预订的宾客

饭店代表在迎接有预订的宾客的同时,还应招揽没有预订的宾客,以增加饭店的客源。

(1) 当无预订的宾客出站时,应主动上前询问宾客是否需要住宿。

(2) 如宾客有住宿的意愿,应根据宾客的职业、年龄及身份等特点,有针对性地向宾客介绍和推销本饭店的服务项目，这就要求饭店代表熟悉本饭店的客房类型、价格及当天饭店客房出租情况，以便准确及时地介绍给宾客，留住客源。

(3) 安排车辆，引领宾客上车，途中主动向宾客介绍饭店的服务及设施情况。

(4) 通知总台做好接待工作。

(5) 若饭店代表不能随车同行，可填写预订通知单交与宾客，告知宾客到饭店后，把通知单交与总台，即可办理入住手续。

二、送客服务

(1) 对于提出送站要求的宾客，要准确掌握需要送站宾客所乘交通工具的班号及离店的具体时间。

(2) 与车队取得联系，提前安排车辆。

(3) 在宾客离店前10分钟在前厅恭候宾客，并安全、准时地将宾客送到机场、车站或码头。

(4) 宾客离开时，应主动向宾客道别，感谢宾客下榻本饭店，祝愿宾客一路平安，并欢迎宾客再次光临。

三、饭店代表在接送宾客时应注意的事项

(1) 饭店代表是宾客见到的第一位服务员，代表饭店的形象，因此，应特别注意自己的仪容仪表和言谈举止。

(2) 要及时了解机场、车站、码头的班次和时间变化，随时通知总台。

(3) 饭店代表应非常了解和熟悉饭店的情况，以便能向宾客准确推销。

(4) 随时把重要宾客的情况(尚未到达、在途中、推迟到达等)通知饭店，以使饭店各部门有充分的准备。

学习任务三 店门迎送服务

店门迎送服务主要由门童(迎宾员)负责，他象征着饭店的礼仪水准，代表着饭店的形象。门童通常由穿着华丽服装、个子较高、外表出众的男女青年担任，但在国外一般安排经验丰富、讲究礼仪的老者担任此职。门童通常站在大门口两侧或台阶上。

一、迎接宾客

(一) 迎接散客

(1) 如果是步行抵店的宾客，应用手势向宾客示意方向，主动为宾客拉门，并微笑热情地表示欢迎；如果宾客行李较多，应主动帮助宾客提拿行李，进入大厅时交给行李员。

(2) 如果是乘车抵店的宾客，待车辆停稳后，要在确认车辆前后都安全的情况下，将车门打开，躬身向宾客问候，一手为宾客打开车门，一手护好车门上沿，防止宾客下车时碰到头部。

(3) 宾客下车后，帮助行李员卸下行李，并要查看有无物品遗忘在车内，确认无误后，再轻轻地把车门关上。

(4) 将宾客所乘的车辆引导至适当的位置停放，以便后面来的车辆可以顺畅地通过，防止交通堵塞。

(5) 如果宾客携带行李较多，应协助行李员搬运宾客的行李，切记与宾客确认行李的数量。

(6) 走在宾客右前方一米左右处，引导宾客到前台办理手续。

(7) 将宾客介绍给接待员后，应立即回到饭店正门，准备接待下一位宾客。

(二) 迎接团队宾客

(1) 当团队车辆抵达饭店正门时，待车辆停稳后，门童应站在车门一侧，点头致意、问好，迎接宾客下车。

(2) 待宾客全部下车后，门童应立即指挥车辆停放在合适的地方，维持好大门口的正常秩序。

(3) 走在宾客右前方一米左右处，引领宾客们至前台的团队接待处办理住店手续。

(4) 将团队宾客介绍给接待员后，应立即回到饭店正门，准备接待下一位宾客。

(三) 迎接宾客应注意的事项

(1) 迎接团队宾客时，若有行动不便的老人、儿童或残疾人，应主动上前扶助。

(2) 对随身行李较多的宾客，应帮助提拿，进入大厅后，应交给行李员。若离行李员距离太远，可使用手势招呼，切勿大声喊叫。

(3) 团队中如有儿童，应委婉提醒家长陪同，以免发生意外。

(4) 迎接再次光临的宾客，应尽量称呼宾客的姓名或职务，以示亲切和尊重。

(5) 开车门的原则是：先女后男，先外后内，先老后小。

(6) 如果宾客乘出租车来，应等候宾客付完车费再开门。

(7) 对信奉伊斯兰教和佛教的宾客不能护顶。

(8) 如遇雨天，应主动打伞迎接宾客；若宾客随身携带雨伞，应帮助宾客将其锁在伞架上。

二、送别宾客

(一) 送别散客

(1) 与前台联系，了解当日要离店的宾客是否需要叫车服务；如宾客需要，应及时安排离店车辆，做好送客准备工作。

(2) 车辆到达后，将车辆引导至便于宾客上车和不妨碍其他宾客通行的位置上等候。

(3) 协助行李员为宾客搬运行李，将行李装好，切记与宾客确认行李的数量。

(4) 拉开车门，一手为宾客打开车门，一手护好车门上沿，防止宾客上车时碰到头部，请宾客上车。

(5) 看到宾客坐好后，再轻关车门，同时躬身致意，向宾客道别，祝宾客一路顺风；再轻轻关上车门，目送宾客离去。

(6) 对于不了解当地情况的宾客，应了解宾客的去向，然后告知司机应当去的地点。

(二) 送别团队宾客

(1) 送别团队宾客时，与团队宾客抵达时一样，站在车门一侧，向每一位上车的客人点头致意，欢迎宾客再次光临。

(2) 待宾客全部上车后，示意司机开车离开。

(3) 司机开车时，门童应该站在车的斜前方靠门口一侧向宾客挥手道别，目送宾客离店。

(三) 送别宾客时应注意的事项

(1) 要区别对待临时离店和结账离店的宾客，对临时离店的宾客应说"一会见"；如果宾客结账离店，可以说"再见，一路顺风"。

(2) 打开车门时，要等到宾客稳定后再关门，以防夹住宾客的衣角、裙带等。

(3) 协助行李员把行李装上车后，应请宾客核实无误后再关上车盖。

(4) 送客时，应站在车辆斜前方靠大门一侧的位置，以使宾客清楚地看到迎宾员在欢送他们离店。

三、门童的其他日常工作

(一) 大门周围的安全

门童应协助保安人员，随时注意饭店门前的情况。如发现可疑情况，要及时与保卫处联系予以妥善处理，以确保饭店的安全。

门童还要经常检查饭店大门上所有的部件是否完好无损，维护大门设备的安全。如发现故障，要及时排除或通知工程部派人来维修；如有宾客碰伤，要及时采取救护措施，以防事态扩大。

(二) 大门周围的环境

门童的另一项任务就是要经常保持门口及大厅的清洁、美观，发现杂物时，应进行简单清理或通知保洁员及时予以清除。

(三) 大门周围的秩序

门童还要协助门卫、保卫人员对门前的车辆及时进行疏导，保持门口、车道畅通无阻。

(四) 回答宾客的询问

门童应及时回答宾客的询问，对不清楚或没把握回答的问题，可以与问讯处联系或请宾客到问讯处询问，不要用"不知道"等否定词生硬地回绝宾客。

(五) 联系调度车辆

在用车高峰或雨雪天时，主动为宾客联系调度车辆。

(六) 雨伞服务

在雨天或雪天时，应主动撑伞迎、送宾客。

(七) 填写《服务指南》卡

宾客离店时，门童应记下车号、日期、时间及目的地；对不熟悉饭店周围环境的宾客，应耐心询问宾客去处，然后告诉司机，并填写《服务指南》，然后将卡片交给宾客留存。

学习任务四　行李服务

行李服务是饭店礼宾服务的一个重要环节，由行李员负责，并配有各式行李车协助完成行李服务。

一、散客行李服务

(一) 散客入店时的行李服务

(1) 对于步行抵店的散客，行李员应对宾客保持微笑并主动表示欢迎。如果宾客有行李，行李员应主动帮助宾客提拿，但是对于宾客随身携带的公务包、照相机、贵重小物品以及易碎物品等则不必主动提拿；如果宾客提出需要行李员帮助提拿，行李员应仔细、小心，杜绝任何差错的发生，也可以委婉地拒绝提拿，以免出现意外。

(2) 对于乘车抵店的散客，行李员应在宾客乘坐的车停稳、宾客下车后，迅速将宾客的行李从车上卸下，整齐地放置在行李车上，并与宾客确认行李的件数；如果行李由宾客自己提拿，则应主动从宾客手中接过行李物品，礼貌地询问宾客是否已经办理客房预订。

(3) 引领宾客走在左前方，距离二三步，拐弯处要回头招呼。

(4) 将宾客带到前台接待处，把宾客介绍给接待员，站在总台边侧宾客身后1.5米处等候。

(5) 待宾客办理完入住登记手续后，行李员应主动上前从宾客或接待员手中拿过钥匙，引领宾客到客房。

(6) 搭乘电梯引领宾客时，行李员要请宾客先上电梯；在电梯内，行李员应站立在靠近电梯控制台的地方，以方便操控电梯；出电梯时请宾客先出，然后继续引领。

(7) 到达客房后，行李员应先按门铃或敲门，然后再打开房门，示意宾客进入房间。如果是晚上，行李员应先进入房间，将房间内的灯打开，再请宾客进房，退至房门一侧，注意行李车不能推进房间。

(8) 征求宾客的意见，将行李物品放置在行李架上或放入衣柜内。

(9) 详细地向宾客介绍客房内的设施设备以及使用方法。

(10) 再次征求宾客的意见，表示随时愿意为宾客提供服务，并祝宾客住店期间生活愉快，然后向宾客道别。

(11) 退出客房时面朝宾客，轻轻地将客房门关上。

(12) 返回迎宾值班室，填写工作记录。

(二) 散客离店时的行李服务

1. 运行李

(1) 宾客或前台接待员要求行李处派行李员运行李。

(2) 行李员应问清楚宾客的房间号码、姓名、行李件数和出发时间等，记录在交接班本上。

(3) 将相关内容记录在离店记录卡上。

(4) 行李员在指定的时间去宾客的房间，行李多时，要推行李车去。

(5) 到达宾客的房间后，向宾客致意，与宾客接洽。

(6) 运送行李时，要把行李件数记录到离店记录本上，请宾客核实。

(7) 离开房间时，提醒宾客不要遗留物品。尤其是戒指、打火机、手表等小件物品，更要多加注意。

(8) 跟随宾客一起去前台结账，也可先把行李运走。

(9) 告知宾客先将行李送到一楼大厅前台。

(10) 将行李运到前台，等候宾客到来。在办理结账手续高峰时段，前厅人多事杂，可使用行李车推，注意不要妨碍其他宾客。

(11) 从行李车上卸下行李，摆好后，再用网笼住或用绳子串起来，以免同其他行李混在一起。

(12) 宾客出发时的指示有以下几种："我马上就走，请叫出租车""过一会再走""我把行李暂时(或长期)寄存在这里"，按宾客的指示行动即可。

2. 乘车

(1) 如果车已离开，要把行李运到大门口或停车场装上车。

(2) 请宾客核实行李件数后再请他上车，这时不要忘记收回离店行李卡。

(3) 轻轻关上车门，躬身致谢。

(4) 返回前台，把离店记录卡(行李寄寸票)收存到规定的位置。有时需要把房间号码、出租车的乘车时间、离店记录卡号码等各项内容记入交接班本。

二、团队行李服务

(一) 团队入住时的行李服务

(1) 将预抵店团队名称、人数等信息填入团队行李进店登记表，并与当日预抵店团队资料装订在一起。

(2) 团队行李车到店后，立即记录车牌号码，迅速卸下行李，码放在规定地点。

(3) 将每一件行李系好行李牌，与领队或陪同确认件数以及是否有损坏等情况。

(4) 根据排房名单，标注房号和件数。

(5) 将行李送入客房。

(6) 行李员应先按门铃或敲门，请宾客当面确认，将行李放入房间；如果宾客不在房间，应请楼层服务员开门，将行李放入房间。

(7) 将暂时无人认领或无姓名的行李存放在前厅，盖上网罩，妥善保管，然后立即向团队领队和陪同反映情况。

(8) 返回礼宾值班台，填写工作记录表。

(二) 团队离店时的行李服务

(1) 礼宾值班台人员根据团队接待计划和当日领队及陪同的通知，安排次日团队预离店的行李运送事宜。

(2) 行李员在规定的时间按时到楼层及宾客房间收取行李，记录每个房间的行李数，并拴好行李牌。

(3) 如宾客暂不在房间，门口又无行李，不可擅自开门收取行李，应及时通知值班台，尽快与领队或陪同人员联系。

(4) 把行李运往指定地点，整齐码放排列，清点件数。

(5) 与领队或陪同人员确认行李件数。

(6) 如果暂不运走行李，应加盖网罩并注意看管。

(7) 与来店接运行李的人员办理交接手续，协助其将行李装车。

(8) 返回礼宾值班台，填写工作记录和团队行李出店登记表。

(9) 礼宾值班台人员将团队宾客离店情况通知饭店机场代表。

三、宾客换房时的行李服务

由于客人方面的原因或饭店方面的原因，经常会发生客人调换客房的情况，而客人随身携带的行李也要随之转移，这就产生了换房时的行李服务业务，具体程序如下所述。

(1) 接到总台换房通知，到接待处问清客人房间号码、姓名及换房后的房号，确认客人是否在房间，领取新的房间钥匙和房卡。

(2) 按进房程序，进入客人房间。

(3) 请客人清点要搬运的行李物品，将它们小心地装上行李车。

(4) 引导客人到新的房间，将行李重新放好。如所换房间类型不同，必要时应向客人介绍房内设施设备。

(5) 收回客人原房间钥匙和房卡，将新房间钥匙和房卡交给客人，向客人道别，退出房间。

(6) 将原房间钥匙和房卡交回接待处。

(7) 做好换房记录。

四、宾客存取行李时的服务

(一) 行李寄存服务

(1) 客人前来寄存行李时，行李员应主动问好，礼貌服务。

(2) 确认客人身份。请客人出示房卡或钥匙，外来客人的行李原则上不予寄存。

(3) 礼貌询问客人行李中是否有饭店不予寄存的物品。

(4) 问清行李件数，明确时间、姓名、房号，填写行李寄存卡，请客人在行李寄存卡的寄存联上签名确认。

(5) 检查行李的破损、上锁情况，如发现问题，应当面向客人说清楚，并在行李寄存卡上注明。

(6) 将寄存卡的提取联交给客人，并向客人简要说明注意事项，提醒客人详阅提取联背面的《宾客须知》。

(7) 把寄存卡的寄存联挂在行李上，放入行李房，填写行李寄存记录本，注明存放的位置。寄存两件以上的行李时，应用绳子把它们拴在一起。

(8) 当班未领取的行李，换班时应注意与同事交接清楚。

(二) 行李提取服务

(1) 当客人取行李时，应主动问候，收回客人的行李寄存卡提取联，并当场请其签名，视情况可询问客人行李的颜色、大小、形状等，以便查找。

(2) 请客人在行李房外稍等，将行李物品从行李架上取下，仔细核对行李寄存卡的两联，并注意签名是否一致。如无误，则将行李交客人清点核对，与客人道别。

(3) 将寄存卡的两联装订在一起存档，并填写行李寄存记录本。

(4) 如客人遗失了行李寄存卡，可按如下程序处理。

首先，请客人出示房卡、有效证件，并复印留底备查；

其次，询问客人寄存行李的件数、颜色、形状等特征，以便核查；

再次，核对无误后，请客人写一张领取行李的说明并签名；

最后，在行李寄存记录本上注明情况，并将客人写的说明、证件复印件、行李寄存卡的寄存联一起装订存档。

(5) 如他人代领行李，可按如下程序处理。

首先，请客人事先把代领人的姓名、地址或单位等情况写清楚，告之其注意事项，在行李寄存记录本上注明；

其次，当代领人来领取行李时，查阅行李寄存记录本上的记录，请他出示有效证件并复印留底，询问原寄存人的姓名、行李件数，收回寄存卡提取联，请他签名，并注意核对寄存卡的上下两联是否相符；

再次，核对无误后，将行李交给代领人；

最后，做好记录及存档工作。

学习任务五 委托代办服务

委托代办服务是指礼宾部的服务员在力所能及的情况下，完成客人的各项委托代办事项，如转交物品、委托订票服务等。

一、转交物品服务

转交物品是指住店客人的亲戚朋友、接待单位或其他有关人士送给客人物品，因客人外出而见不到客人，又不能久等，委托饭店转交客人。具体的服务程序如下所述。

(1) 请来访者填写一式两份委托代办单，单上注明来访者的姓名、地址、电话号码、转交物品的名称和件数等信息资料。

(2) 认真检查物品，并向来访者说明不予寄存易燃、易爆、易腐烂的物品。

(3) 代客收存物品，开具一式两份的住客通知单，通知总台在客人取钥匙时把物品转交给客人。

二、订票服务

客人有时需委托饭店帮助预订机票、火车票等，具体程序如下所述。

(1) 住店客人提出预订机票、火车票或修改航班、车次等要求时，礼宾台值班员应问清楚客人的要求，按饭店规定的受理票务规程办理。

(2) 填写订票委托单时，一式三份。应当面向客人问明，如果不能预订到指定日期的票，可否顺延购买其他日期的航班或车次。

(3) 预收订票款，并在订票委托单上注明"已收订票款"。

(4) 必要时请客人出示或留下身份证件、护照。

(5) 按时取票、送票，并当面将客人身份证件、票款余额及有关收据等如数交给客人。

(6) 填写工作记录。

三、"金钥匙"服务

近几年来，委托代办业务在现代化饭店中已发展成全方位、一条龙的"金钥匙"服务，"金钥匙"服务是礼宾服务中的最高境界。

(一)"金钥匙"简述

"金钥匙"的英文名为"Concierge"，原意为"钥匙保管者"，负责迎来送往和饭店钥匙的保管。在现代饭店中，它已成为向客人提供全方位、一条龙服务的代称，其标志(见图4-1)是两把金光闪闪的交叉在一起的钥匙，一把代表开启饭店综合服务的大门；另一把代表开启该城市综合服务的大门。"金钥匙"既指一种专业化的饭店服务，又指一个国际性的饭店服务专业组织，也是对具有国际金钥匙组织会员资格的前厅职员的特殊称谓。

金钥匙组织于1972年在西班牙第二十届国际金钥匙年会上成立，并日益发展成一个国际性的饭店服务专业化组织。中国金钥匙组织于1995年11月被国际金钥匙组织接纳为第31个会员。

(a) 国际金钥匙组织标志

(b) 中国金钥匙组织标志

图4-1　金钥匙标志

(二) "金钥匙"服务项目

"金钥匙"服务项目包括以下几个。

(1) 行李及通信服务。

(2) 问讯服务。

(3) 快递服务。

(4) 接送服务。

(5) 旅游服务。

(6) 订房服务。

(7) 订餐服务。

(8) 订车服务。

(9) 订票服务。

(10) 订花服务。

(11) 美容、按摩服务。

(12) 其他服务。

(三) "金钥匙"的素质要求

"金钥匙"的素质要求包括以下几方面。

(1) 忠诚。

(2) 具有敬业、乐业精神。

(3) 具有热心的品质及丰富的专业知识。

(4) 能够建立广泛的社会关系与协作网络。

(5) 身体强健，精力充沛，彬彬有礼，善解人意。

(6) 处理问题机智灵敏，应变能力强。

(7) 通晓多种语言。

(8) 有极强的耐性和韧性。

典型案例

某天下午3点左右，某位客人提着行李箱走出电梯，径直来到行李台旁。此时，正值行李房行李员小李当班："王总您好，好久没见您了，有什么事需要我帮忙吗？"王先生回答说："我昨天刚到，一会儿出去办点事儿，准备晚上7点坐飞机回去，先把行李寄存到这儿。""好的，没问题，把行李放这儿吧！"小李态度热情，顺便把行李从王先生手里接了过来。

"是不是要办手续?"王先生问。

"不用了,咱们都是老熟人了,到时您直接找我取东西就行了。"小李爽快地表示。

下午5点,小李忙忙碌碌地为客人收发行李,行李员小余前来接班,小李把手头的工作交给小余,下班离店。

大约过了半小时,王先生匆匆赶到行李台,不见小李,便对小余说:"您好,下午我把一个行李箱交给小李了,请您帮我提出来,好吗?"小余说:"请您把行李牌给我。"王先生说:"小李是我的朋友,当时他说不用办手续,就没拿行李牌。您看……""哟,这可麻烦了,小李已经下班了,他下班时可没交代这件事。""您能不能想想办法?"王先生着急地问。"这可不好办,除非找到小李,可他已经下班走了。""请您无论如何想办法找到他,一会儿我还要赶7点的飞机呢。"

"他不在家,现在联系不上。"之后,小余通过电话寻找小李,但一直没有结果。

资料来源:道客巴巴.http://www.doc88.com/p-395940561171.html,有改动

思考题:

1. 小李的做法有无错误?

2. 小李如果有错,错在何处?

3. 这种情况应如何处理?

单元小结

本单元介绍了礼宾服务的意义,礼宾部的基本业务内容和程序。

礼宾部,又称行李部或庶务部,主要向宾客提供店内外的迎送服务、行李服务及委托代办服务等。它与前台接待、前台问讯、前台收银等部门平行设置。

礼宾服务是能提供全方位、一条龙服务的岗位,在岗位上一般设有门童、行李员、饭店服务代表等,主要业务有:饭店代表服务、店门迎送服务、行李服务、委托代办服务等。为了能统一指挥、协调对客服务,饭店常在大堂某一区域设置礼宾值班台,由礼宾司担任值班工作。

礼宾服务是饭店前厅服务的窗口,是给宾客留下"第一印象"和"最后印象"的关键服务阶段,对饭店的形象树立起着重要的作用。

复习思考题

1. 什么是礼宾服务?意义何在?

2. 店门迎送服务项目有哪些？基本程序是什么？

3. 行李服务项目有哪些？基本程序是什么？

4. 委托代办服务项目有哪些？基本程序是什么？

5. 什么是"金钥匙"服务？

课外实训

实训目的：通过实训，掌握礼宾服务的各种技能和操作技巧。

实训内容：店内外迎送服务、行李服务、委托代办服务、"金钥匙"服务。

实训方式：实验室现场操作。

前厅问讯业务

课前导读

入住饭店的客人，通常来自世界各地和各行各业。他们来到一个不熟悉的地方，特别期望在某些方面得到帮助，所以饭店服务中就增加了问讯服务项目，可随时为客人提供问讯、查询、留言等服务，解决客人的后顾之忧，使饭店服务达到完美的境界。

本学习单元主要介绍了饭店前厅问讯服务的意义，以及问讯服务、查询服务、留言服务、邮件服务、钥匙保管与控制服务和物品转交服务等业务。

学习目标

知识目标：通过本单元的学习，了解问讯业务的意义；熟悉问讯服务、查询服务、留言服务、邮件服务、钥匙保管与控制服务及物品转交服务等业务的基本内容和程序；掌握前台问讯服务所需要的技能和技巧。

能力目标：通过本单元的学习，能够熟练掌握前厅问讯服务所需要的技能和技巧。

学习任务一　前厅问讯服务的意义

入住饭店的客人，通常来自全国乃至世界各地，他们都需要更多地了解当地的基本情况，希望能够比较方便地在某些方面得到帮助。为了使客人满意，方便客人咨询，饭店应做到随时为客人提供问讯、查询服务等，以解决客人的后顾之忧。

问讯处一般都设在总台，基本业务有：问讯服务、查询服务、留言服务、邮件服务、钥匙保管与控制服务及物品转交服务等。

学习任务二 问讯服务

宾客要询问的问题可能很多，主要包括饭店内部信息和饭店外部信息两大部分。

一、饭店内部信息

饭店内部信息主要包括以下几个方面。

(1) 餐厅、酒吧、商场、商务中心等所在的位置及营业时间。

(2) 宴会、会议、展览会的举办场所及时间。

(3) 饭店提供的其他服务项目、营业时间及收费标准。

二、饭店外部信息

饭店外部信息主要包括以下几个方面。

(1) 国内、国际航空线的最新时刻表和票价，以及航空公司名称。

(2) 最新铁路时刻表、里程表和票价。

(3) 最新轮船时刻表、里程表和各级舱位的票价。

(4) 出租汽车在市内每公里的收费标准。

(5) 饭店所在地至周边主要城市的距离及抵达方式。

(6) 饭店所在地的市内交通情况。

(7) 饭店所在地的影剧院、歌舞厅的地址和即日上演的节目及时间。

(8) 饭店所在地的展览馆和博物馆的地址、电话号码、开放时间及上演节目。

(9) 饭店所在地的主要银行的名称、地址、电话号码。

(10) 饭店所在地的主要医院的名称、地址、电话号码。

(11) 饭店所在地的政府各部门的地址和电话号码。

(12) 饭店所在地的大专院校、科研机构及主要工商企业的地址和电话号码。

(13) 饭店所在地附近的教堂、庙宇的地址和开放时间。

(14) 饭店所在地各使馆、领事馆的地址和电话号码。

(15) 全国、全省及本市的电话号码簿及邮政编码簿。

(16) 世界地图、中国地图、本省和本市地图。

(17) 本地风景名胜的相关情况。

学习任务三 查询服务

查询服务主要是指非住店客人查找住店客人的有关信息。

一、查询服务的内容

1. 对客人是否住在饭店的查询

问讯员应先问清来访者的姓名、与住店客人的关系等，然后打电话到被查询客人房间，经该客人允许后，才可以让来访者去找住店客人；如果住店客人不在房间，切不可将住客的房号及电话号码告诉来访者，也不可以让来访者到房间找人。

2. 对客人房间号码的查询

未经客人允许，不能在总台或电话中将房号告诉访客，应婉转谢绝访客。尤其是在接受房号保密的要求时，要问清住店客人的保密程度及起止时间。当有人来访问要求保密的住店客人时，一般以客人没有入住为由予以拒绝。

3. 对已离店客人和尚未抵店客人情况的查询

如果查明客人尚未抵店，问讯员可建议查询者在客人预期到达日期再联系查询；如果查明客人已退房离店，则向查询者予以说明；如果已离店客人没有委托，问讯员一般不将离店客人去向告诉查询者。

二、查询服务的注意事项

(1) 只知道房号打听客人姓名时，除了特殊情况外，应拒绝回答。

(2) 有同名客人时，要掌握好同名客人各自的具体情况，以免出错。

(3) 关于住店客人的信息，要问清来访者身份，再给予相应回答。

学习任务四 留言服务

前来拜访住店客人的来访者，若未见到住客，可以通过总台或总机给住店客人留言；若外出办事的住店客人不能约见来访者，也可通过总台或总机给访客留言。

一、访客留言服务

访客留言服务是指来访客人给住店客人留言。主要服务内容包括以下两方面。

1.访客电话留言

第一步，准备好留言簿。

第二步，面带微笑接听电话，亲切询问留言者姓名、留言接受者的房号及姓名等信息。

第三步，重复一遍留言者姓名、留言接受者姓名、房号，正式接受留言内容。

第四步，重复一遍留言内容。

第五步，记下留言者的电话号码，告诉留言者，留言将即时转达，并在留言条上标明日期、时间，签上记录者姓名。

第六步，填上留言日期、时间、记录人姓名后，交由领班检查，留言条一式三联。

第七步，将第一联放在总台的宾客房间的钥匙格内。待宾客返回饭店时将留言条交给宾客，如此时该房客不在，则应开启该房间内电话机上的留言灯，通知宾客有留言。当宾客在房间内发现留言灯闪亮，打电话来询问时，将留言读给宾客听，并询问宾客是否需要亲自看留言。如果需要则应保留，让行李员亲自送至宾客房间。留言处理完毕后，关闭宾客房间的留言灯。

第八步，将第二联送电话总机，以备宾客来电话询问。

第九步，将第三联交由行李员送往客房，将留言簿从门下塞入客房。

第十步，晚上，问讯员应检查钥匙、信件架，如发现孔内仍有留言簿，应检查该房号的留言灯是否已经关闭。如已关闭，可将留言簿作废；如未关闭，则应该继续保持留言灯。

《访客留言单》见表5-1。

表5-1　访客留言单

因为_____	序号_____
由_____	日期_____
□ 请电话联系_____	
□ 将再次打电话_____	
□ 留言：_____	

经手人_____ 　日期_____ 　时间_____

2.访客当面留言

第一步，看见宾客向自己的工作区走来，在与宾客距离两米左右时，应面带微笑，主动向宾客躬身问好，并询问宾客需要什么服务。

第二步，在明确宾客需要留言服务时，主动接受宾客留言。

第三步，将留言簿和笔交给宾客亲自填写，以防自己填写错误遭宾客投诉。递交留言簿和笔时应注意：留言簿的下部朝向宾客，上部朝向自己；笔的顶端朝向宾客，笔尖朝向自己。

第四步，核查住店宾客姓名、房号、日期、时间等信息，当面向宾客重复一遍留言簿上的内容，如有认不清的字，立即向宾客请教，然后请领班核查。

第五步，将留言簿的第一联放入总台宾客房间对应的钥匙格内。待宾客前来取钥匙时将留言簿交给宾客。如此时该房客钥匙不在，则应开启该房间内电话机上的留言灯，通知宾客有留言。

第六步，当宾客在房间内发现留言灯闪亮，打电话来询问时，将留言读给宾客听，并询问宾客是否需要亲自看留言，如果需要则应立即让行李员亲自送到宾客房间。留言处理完毕后，关闭该宾客房间的留言灯。

第七步，将第二联送电话总机。

第八步，将第三联交由行李员送往客房，将留言簿从门下塞入客房。

第九步，晚上，问讯员必须检查钥匙架、信件架，如发现孔内仍有留言簿，应检查该房号的留言灯是否已经关闭。如已关闭，可将留言簿作废；如未关闭，则应继续保持留言灯。

二、住客留言服务

住客留言服务是指住店客人给来访客人的留言，主要包括以下两项服务内容。

1.住客电话留言服务

第一步，准备好留言簿，当接到宾客电话需要留言服务时，面带微笑回答宾客电话。

第二步，询问需要留言的宾客姓名及房号，并在计算机中核对对方所提供的姓名和房号。

第三步，将留言者姓名及所在地点记录在留言条上，询问并仔细聆听，记录留言内容，并将内容重复一遍以确保准确无误。

第四步，记下留言者电话号码，告诉留言者即时转达，并在留言簿上标明日期、时间，签上记录者姓名。

第五步，交由领班检查，留言条一式两联。

第六步，将第一联放在总台的宾客房间钥匙格内，待宾客前来询问时将留言条交给宾客。

第七步，将第二联交电话总机，以备宾客电话询问。

第八步，关闭留言灯，将留言取消。

2. 住客当面留言服务

第一步，请客人填写留言单。住店客人欲离开房间或饭店时，希望给来访者留言，这时，问讯员应请客人填写《住客留言单》。

第二步，总台和总机协调配合。住客留言单通常印制成一式两联，总台和总机各留一联。在来访客人到达饭店后，经问讯员核准客人情况，按住客要求将住店客人所填写的留言单(应提前装入信封)交给来访者或将留言单内容予以转告。

《住客留言单》如表5-2所示。

表5-2   住客留言单

致＿＿＿＿＿＿＿＿＿＿＿＿＿＿＿＿＿＿＿＿＿

由＿＿＿＿＿＿＿＿＿＿＿＿＿＿＿＿＿＿房号＿＿＿＿＿＿＿＿＿＿＿＿＿＿

我将在＿＿＿＿＿＿＿＿＿＿＿＿＿＿＿＿＿＿＿＿＿＿＿＿＿＿＿＿＿＿＿＿＿

于＿＿＿＿＿＿＿＿＿＿上午＿＿＿＿＿＿＿＿＿上午＿＿＿＿＿＿＿＿＿

于＿＿＿＿＿＿＿＿＿＿下午＿＿＿＿＿＿＿＿＿下午＿＿＿＿＿＿＿＿＿

留言：＿＿＿＿＿＿＿＿＿＿＿＿＿＿＿＿＿＿＿＿＿＿＿＿＿＿＿＿＿＿＿＿＿

＿＿＿＿＿＿＿＿＿＿＿＿＿＿＿＿＿＿＿＿＿＿＿＿＿＿＿＿＿＿＿＿＿＿＿

＿＿＿＿＿＿＿＿＿＿＿＿＿＿＿＿＿＿＿＿＿＿＿＿＿＿＿＿＿＿＿＿＿＿＿

经手人＿＿＿＿＿＿＿＿＿＿日期＿＿＿＿＿＿＿＿＿时间＿＿＿＿＿＿＿＿＿

学习任务五 邮件服务

邮件服务的种类很多，如信件、电传、传真、电报、包裹等，具体可归纳为两类：进店邮件服务和出店邮件服务。

一、进店邮件服务

进店邮件一般包括：住店客人邮件、预抵店客人邮件、要求和委托转投寄客人邮件、长住公司客人邮件、已离店客人邮件等。

(一) 进店邮件服务的程序

问讯员收到邮局送来的邮件时，应仔细清点、分类，并在邮件收发控制簿上登记，同时在邮递员的登记簿上签收。具体程序如下所述。

第一步，收到邮件，将客人的邮件用时间戳打上收到的日期与时间。

第二步，确定邮件上的姓名、房号等信息。

第三步，按邮件上的姓名查找客人。

第四步，在计算机中查出房号后，将邮件放入钥匙格内，待客人回来交给客人。

(二) 进店邮件服务的注意事项

(1) 客人在退房时要求邮至下一地址的邮件，应提前收取邮资，并给予办理。

(2) 如果收件人已经离店也无转寄要求，且并非现住宿客人或预订客人，对于此类邮件应及时退回邮局，并办理相关手续。

(3) 对于预订未到客人的邮件要注意保存，待客人到达时，按工作程序转交给客人。

(4) 客人房间门口挂出或灯示"请勿打扰"的标志时，应先通过电话与客人联系，并按客人的要求去做。

(5) 由于平信不必签收，可使用留言单通知客人来取，也可以由行李员将信从门下塞入房间，或当面交给客人。

(6) 如收到特种邮件，例如快件、挂号信、汇款单、传真等，应及时面交客人，并请客人在邮件收发登记簿上签收。

二、出店邮件服务

通常情况下，饭店不受理挂号信和包裹外寄，但客人如果急需这项服务，可以收取一定的费用后，完成此项服务。

(一) 出店邮件服务的程序

第一步，礼貌地向宾客表示欢迎。

第二步，在宾客提出服务要求以后，告之邮件服务的费用收取标准。

第三步，称量邮件的重量，根据自费标准核算价格，请宾客签字。

第四步，将费用交给出纳员后，贴上邮票即可发送。

第五步，每班结束后，清点邮票及现金并制作《邮票、现金平衡表》。

(二) 出店邮件服务的注意事项

(1) 当客人将信件交给问讯员要求代寄时，应当面仔细检查信封口是否已封粘好；代客外寄包裹时，应当面检查包装是否扎紧或捆牢。

(2) 明确客人要求，如客人要求使用特快专递，提醒客人使用专用信封。

(3) 核对客人所寄信件的数量。并使用电子计重秤称重，按邮局邮资标准合理收费。

(4) 问讯员通知特快专递公司来取件时，应请取件人在登记簿上签收，并妥善保管特快专递公司的收据以备日后查询。

学习任务六 钥匙的保管与控制服务

饭店客房钥匙的分发、控制既是一项服务，同时又是保证住店客人人身和财产安全的重要手段。客房钥匙管理一般有以下两种形式。

一、总台集中管理

在这种管理形式下，一般是由问讯员负责保管客房钥匙。根据接待处转来的客人入住登记卡，核准客人的住房卡，然后将钥匙发给客人。客人外出或结账离店时，将钥匙投入总台钥匙箱或交还给问讯处接待员。

这种管理形式的特点是专人负责、任务明确，一旦发生问题容易查清，在防止内部人员随意进出客房、消除饭店内隐患、减轻楼面工作量等方面有比较大的优势。因为具有以上优点，绝大多数星级饭店都采用这种钥匙分发模式。

二、楼面分层管理

在这种管理形式下，饭店在客房所在楼层设立服务台，值班服务员负责保管本楼层的客房钥匙。根据总台的住客通知单，核准客人的住房卡、入住登记单，然后服务员将钥匙分发给客人。当客人外出或结账离店时，将钥匙交回楼层服务台。

这种传统的管理形式的优点是方便楼层值班服务员及时掌握客人的进出状况，适时清理客房，同时由于楼层值班服务员的管理范围小，可以更安全地分发钥匙；缺点是工作人员进入客房动用客用设备比较容易，这样可能会造成一些隐患，同时，楼层值班服务员也难以离岗做其他工作。

学习任务七　物品转交服务

物品转交服务包括以下两个方面。

一、代他人转交给住客的物品

(1) 核对客人资料。接收他人转交给预抵客人的物品时，应核准当日预抵店客人名单或订房资料，填写待客来取单，一式两联，将单据第二联交给转交者；应妥善保管物品，每日各班次值班人员都要将留存转交物品与记录进行核对。

(2) 登记备查。将物品待客来取的信息记录在订房资料中，在抵店客人办理入住登记时交付客人。

(3) 核准转交。他人要求转交住店客人物品时，应核准客人房号、姓名等信息，先用电话与住客联系，征其同意将物品收下，填写待客来取单后，将物品送入客房或由客人来总台自取。

二、代住客转交给他人的物品

(1) 问清听准客人要求。核实客人姓名、房号，填写待客来取单，然后将第二联交给客人。

(2) 将待客来取单第一联与待转交物品存放在一起，并妥善保管。

(3) 填写登记本，以备查询和交接班。

(4) 他人来取物品时，与待客来取单内容进行核对，请客人出示个人证件。

(5) 请取物品的客人在待客来取单第一联上签收，并留存备查。

典型案例·

客人戴维·马克先生进店时，前台接待员为他登记的姓名是"马克·戴维先生"。该客人事前曾告知他的中国朋友将来北京，并托他的朋友为他购买几张光盘在他住店时送到饭店。客人的朋友在客人进店当天给饭店前台打电话询问该客人是否已经入店，前台服务员在电脑中未查到该客人姓名，便告知该客人未到店。在客人朋友坚持请服务员再认真查一遍的情况下，服务员再次进行查看，结果发现客人名字输颠倒了，根据电脑记录客人已经入店。客人的朋友便赶到饭店，但是客人因事外出，客人的朋友因有事无法再等待，便将光盘留在前台，请服务员代为转交给客人。但是客人第二天离店时，仍然没收到光盘。

客人回国后给他的朋友打电话询问为什么没为自己买光盘，表示很不高兴，客人的朋友解释了当天的情况。虽然客人表示理解，但是心情仍然不愉快。客人的朋友后来强烈投诉，要求饭店给客人发一封致歉信，并将光盘邮寄给客人以证明他的清白。饭店按要求照办了，使问题得到了解决。经了解，接受客人朋友光盘的服务员未及时进行登记，在下班时未做交接，接班人员也未检查客人转交物品，造成工作脱节，一直到客人投诉时才发现光盘还留在服务台。

资料来源：豆丁网. http://www.docin.com/p-645114973.html，有改动

思考题：

1. 该饭店员工在哪些环节发生了错误？

2. 饭店员工应如何转交客人转递的物品？

单元小结

本单元首先介绍了问讯服务的意义，其次介绍了问讯服务、查询服务、留言服务、邮件服务、钥匙保管与控制服务及物品转交服务等业务内容和服务程序。

入住饭店的客人，通常来自世界各地和各行各业。他们来到一个不熟悉的地方，特别期望在某些方面得到帮助，于是饭店服务中就增加了问讯服务项目。饭店员工应做到随时为客人提供各种问讯服务，以解决客人的后顾之忧，使饭店服务达到完美的境界。问讯处一般都设在总台，基本业务有：问讯服务、查询服务、留言服务、邮件服务、钥匙保管与控制服务及物品转交服务等。

复习思考题

1. 问讯业务的意义？

2. 问讯业务有哪些？

3. 如何进行留言服务？

4. 如何进行钥匙保管与控制？

5. 物品转交包括哪些服务项目？

课外实训

实训目的：通过实训，掌握问讯服务的各种技能与技巧。

实训内容：问讯服务、查询服务、留言服务、邮件服务、钥匙保管服务、物品转交服务。

实训方式：实验室现场操作。

学习单元六
前厅总机业务

课前导读

电话是饭店内外沟通联络的窗口。电话总机是负责为客人提供电话服务的前台部门，在对客服务中扮演着重要的角色。话务员不直接与客人见面，是"看不见的接待员"，但话务员的声音、态度、操作技能及工作节奏代表着饭店的形象，优秀的话务员是饭店"只听悦耳声，不见微笑容"的幕后天使。

本学习单元主要介绍了饭店总机服务的意义，以及店内外电话转接服务、长途电话服务、叫醒服务、留言服务、查询服务、店内寻呼服务、免打扰服务及报警、预警服务的业务流程。

学习目标

知识目标：通过本单元的学习，了解总机服务的意义；掌握总机各项服务的业务流程。
能力目标：通过本单元的学习，能够熟练掌握总机服务业务的操作技能。

学习任务一　总机服务的意义

总机服务是饭店内外信息沟通、联络的通讯枢纽，总机室作为前厅部下辖的主管话务机构，在整个饭店运营过程中，是一个必不可少的重要环节，其服务质量直接影响客人对饭店的印象，也直接影响饭店的形象。

话务员是"看不见的接待员"，但他的声音、态度、操作技能及工作节奏代表着饭店的形象。话务员发自内心的微笑和体贴入微的服务，通过电话线完全可以被客人感知到。

总机服务的项目有：店内外电话转接服务、长途电话服务、叫醒服务、留言服务、查询服务、店内寻呼服务、免打扰服务及报警、预警服务。

学习任务二 店内外电话转接服务

为了能准确、快捷、有效地转接电话，话务员必须熟记常用的电话号码，了解本饭店的组织机构以及各部门的职责范围，正确掌握最新的住客资料。话务员在转接电话时，应坚持使用热情、礼貌、温和的服务语言，具备熟练的转接技能。

一、店内外电话转接服务内容

(1) 接听电话。话务员应做到：亲切地问候；听清电话内容；判断分机是否正确；迅速、准确地转接。

(2) 转接电话。话务员应迅速、准确地转接电话，并礼貌地请客人等候。

(3) 处理电话。话务员应根据不同的情形采用不同的处理方法：若电话接通，请客人讲话；若房间电话占线，请客人稍后再打来；若房间无人接听，应向客人说明情况，并询问客人是否需要留言服务。

(4) 挂上电话。电话转入房间，客人接通后，应自动挂上电话；处理完客人询问后，应说"再见"，待客人挂上电话后再挂机。

二、店内外电话转接服务的注意事项

(1) 话务员必须在电话铃响三声之内接听。

(2) 话务员与客人通话时，声音必须清晰、亲切、自然，通过声音传递微笑服务的效果。

(3) 话务员原则上忌用地方话为客人服务，要求用普通话和饭店规定的外语提供电话服务。

(4) 在转接客房电话时，若来电者只告诉房号，话务员必须根据饭店具体规定，来判断是否直接接通房内电话；在转接贵宾房间电话时，首先了解来电者的姓名，征询贵宾同意再接通电话；如客人要求转入房间信息与实际不相符，应礼貌示意客人，是否记错房号或姓名；对要求房号保密的客人，如果并没有要求不接听电话，有来电时话务员可先问清来电者的姓名、单位等，然后征求保密房客人的意见，同意后，方可转入电话。

(5) 话务员应掌握常用的电话号码。

(6) 话务员需熟悉常用的问讯资料，包括饭店服务设施和服务项目，准确回答客人的问讯。

(7) 挂电话时，一定要等客人挂断后，才能切断线路。

学习任务三 长途电话服务

如今在大多数饭店，长途电话的使用都很频繁，尤其是在以商务客人为主的饭店。饭店长途电话服务方式通常有两种：一类是人工挂拨长途，即通过电话总机进行长途电话的转接；另一类是程控直拨长途，即客人在挂长途电话时，可以不经过总机而直接拨号，自动接通线路，通话结束后，计算机系统将自动结算费用并可输出电话费用清单。通常在客人房间内的消费指南中，有详细的使用说明。

一、长途电话服务流程

(1) 话务员应在电话铃响三声之内接听。

(2) 明确客人的具体要求，包括通话种类(叫人、叫号)、受话人姓名、受话人的电话号码(所在国家、城市区号)、要求电话接通的具体时间、付款方式(自付、对方付、信用卡)、发话人姓名和房号等。

(3) 请客人在房间内等候。

(4) 拨通长途台，通报本机号码、分机号码、所挂电话号码等，并不断与长途台保持联系，尽量缩短发话人等候的时间。

(5) 长途电话接通以后立即通知客人，并请客人讲话。

(6) 记录长途电话通话时间，并与计算机显示结果核对。通话完毕，将实际通话时间告诉客人(对方付费电话除外)。

(7) 服务完毕填写长话登记表。

二、长途电话服务的注意事项

(1) 对于预付款或押金余额不足的客人，应委婉地请他到总台及时补办手续，方可开通长途电话。

(2) 装有国际、国内程控直拨电话系统的饭店，对于VIP房间和入住登记时已经交纳了足额长话押金的房间，需在客人进房前主动开通房内的长途电话。

(3) 对于客人房号、需要拨打的电话号码等信息，话务员听到后向客人重复一遍较好，以免误听而出现差错。

学习任务四 叫醒服务

叫醒服务是电话总机对客服务的一项重要内容，它是巧妙地利用电话为客人服务的项目。叫醒服务事关重大，它通常关系客人的计划和行程安排，切忌发生漏叫或错叫现象，以免给客人和饭店带来不可弥补的损失。叫醒服务包括以下两个方面。

一、人工叫醒服务

(1) 接听电话。应在电话铃响三声之内接听。

(2) 接受叫醒。仔细聆听并在叫醒记录簿上记录以下内容：房号、特殊要求、叫醒时间等。向客人复述一遍所填内容，确保准确无误。

(3) 叫醒设置。在闹钟上定时。

(4) 第一次叫醒。定时钟鸣响，接通客房分机，第一次叫醒客人。

(5) 第二次叫醒。间隔5分钟后，第二次接通客房分机，第二次提醒客人。第二次提醒时，可播放音乐，并播报当日的天气预报。

(6) 将实际的叫醒情况记录在叫醒记录簿上。

二、自动叫醒服务

(1) 接听电话。与人工叫醒服务第一步相同。

(2) 接受叫醒。与人工叫醒服务第二步相同。

(3) 叫醒设置。将叫醒时间输入计算机。如果是叫早服务(Morning Call)，由夜间话务员统一输入计算机，然后由领班统一核对。

(4) 第一次叫醒。计算机根据设置的时间和分机号码，第一次自动接通客房分机，客人接听时，自动播放事前由饭店统一录制的叫醒服务录音。

(5) 第二次叫醒。间隔5分钟后，第二次接通客房分机，第二次提醒客人。

(6) 将实际的叫醒情况记录在叫醒记录簿上。

三、叫醒服务的注意事项

(1) 一般都实行两次叫醒，即叫醒服务录音和隔5分钟再用分机叫醒。若出现无人接听的情况，则通知大堂副理和客服中心，视情况亲自到房间敲门叫醒。

(2) 在提供叫醒服务时，可顺便把当天的天气、气温情况告诉客人。

学习任务五　留言服务

留言服务包括以下几项内容。

1. 接到店外客人留言要求

当店外客人要找的店内客人不在，要求留言时；当客房电话无人接听，店外客人要求留言时，话务员应做到：认真核对店外客人要找的店内客人姓名；准确记录留言者的姓名和联系电话；准确记录留言内容；复述留言内容与店外客人核对。

2. 将留言输入电话

具体流程为：使用计算机查出店内客人房间；通过固定的计算机程序输入留言内容；核实留言内容无误；在留言内容下方输入为客人提供留言服务的员工的姓名；按 "Enter"键打出留言。

3. 亮客房留言灯

具体流程为：按留言灯键；敲入房间号码；按执行键 "#" 键；再按一下留言灯键。

4. 将计算机中的留言取消

具体流程为：在计算机上输入客人的房间号码；计算机屏幕显示留言内容；将计算机中的留言取消。

5. 熄灭客房留言灯

具体流程为：按留言灯键；敲入房间号码；按执行键 "#" 键；再按一下留言灯键。

学习任务六　查询服务

1. 接到客人问讯电话

具体流程为：在铃响三声之内，接听电话；清晰地报出所在部门，表示愿意为客人提供帮助。

2. 聆听客人问讯内容

具体流程为：仔细聆听客人所讲的问题；必要时，请客人重复某些细节或含混不清之处；重述客人问讯内容，以便客人确认。

3. 回答客人问讯

具体流程为：若能立即回答客人，应及时给客人满意的答复；若需进一步查询方能找到答案，请客人挂断电话稍后；在计算机储存信息中查寻客人问讯内容，找到准确答案；在机台操作，接通与客人房间的电话；清晰地报出所在部门，重复客人问讯要求，获得客人确认后，将答案告诉客人；待客人听清后，征询客人是否还有其他疑问之处，表示愿意提供帮助。

学习任务七 店内寻呼服务

店内寻呼服务具体包括以下几方面。

1. 接到外线寻呼某人的要求

(1) 认真仔细地听清客人要求呼叫的人名和呼叫号；

(2) 把呼叫者姓名和被呼叫者姓名及储存号记录下来；

(3) 礼貌地告诉客人"请稍等，不要挂断电话"；

(4) 将外线存入机台。

2. 把呼叫号输入呼叫器

(1) 首先将被呼叫者的呼叫号输入呼叫器；

(2) 按呼叫器执行键；

(3) 将被呼叫者应答的号码输入呼叫器；

(4) 按完成键，呼叫完毕。

3. 提出外线

当话务员通过呼叫器完成呼叫工作后，应经常提出被存在话机上的外线以免客人等待时间过长。

(1) 提出外线时应礼貌地说"××先生/女士，我已帮您呼叫了，请您再稍等一下"，每隔30秒向客人重复一次；

(2) 被呼叫人回答后，话务员认真核对姓名和呼叫号；

(3) 提出外线接通，告诉客人被呼叫者已回答；

(4) 将内外线接通，话务员挂机。

4. 外线寻呼某人，但该人未回复

(1) 当被呼叫者在两分钟后仍未回复，话务员应把该情况通知外线客人；

(2) 问清客人的电话号码并把它输入呼叫器；

(3) 在呼叫器上输入被呼叫者号码；

(4) 按执行键；

(5) 输入呼叫者要求应答的电话号码；

(6) 按执行键。

学习任务八　免打扰电话服务

1. 接到客人电话，要求"请勿打扰"服务

(1) 当客人打电话到总机，告诉话务员他要外出时，话务员应询问以下内容：客人房号、姓名及客人的去向；

(2) 将上述信息与电脑记录进行核对；

(3) 告知客人当他回到房间后请通知总机，取消"请勿打扰"；

(4) 迅速将有关内容准确记录在案。

2. 将房间电话做上"请勿打扰"标记

(1) 按一下机台上的"DND"键；

(2) 当机台显示屏上出现"DND STA—"以后，输入房号；

(3) 按一下执行键"#"键；

(4) 当机台显示屏上出现"STA—房号"之后，按"DND"键，机台屏幕上显示"STA—房号DND"。

3. 将客人所在位置输入计算机

(1) 首先进入"TELEPHONE SCREEN"界面；

(2) 输入客人房号，然后按"ENTER"键；

(3) 在屏幕上查出客人姓名，将序号打在姓名上，按"ENTER"键；

(4) 用简单的英文将客人现在的位置输入电脑。

4. 取消电话的"请勿打扰"

(1) 按一下机台上的"DND"键；

(2) 当机台显示屏上出现"DND STA—"以后，输入房号；

(3) 按一下执行键"#"键；

(4) 当机台屏幕上显示"STA—房号DAD"后，按"ENTER"键，屏幕上的"DND"

键即会消失，电话的"请勿打扰"亦同时被取消。

5.取消计算机对客人所在位置的记录

(1) 首先进入"TELEPHONE SCREEN"界面；

(2) 输入客人房号，然后按"ENTER"键；

(3) 在屏幕上查出客人姓名，将序号打在姓名上，按"ENTER"键；

(4) 按"CMD3"键，客人当下所在位置的记录即从计算机中消失。

学习任务九 报警、预警服务

总机除提供以上服务外，还有一项重要职责，即当饭店出现紧急情况时，应成为饭店管理人员采取相应措施的指挥协调中心。饭店的紧急情况包括发生火灾、水灾、伤亡事故、恶性刑事案件等。紧急情况发生时，饭店领导为控制局面，必然要借助于电话系统，话务员要沉着、冷静、不慌张，全力提供高效率服务。

(1) 接到紧急情况报告电话，应立即问清事情发生的地点、时间及简单情况，问清报告者姓名、身份，并迅速做好记录。

(2) 即刻通报饭店领导和有关部门，并根据现场指挥人员的指令，迅速与市内有关部门(如消防、安全等)紧急联系，并向其他话务员通报情况。

(3) 严格执行现场指挥人员的指令。

(4) 在未接到撤离指示前，不得擅自离岗，保障线路通信的畅通。

(5) 继续从事对客服务工作，并安抚客人、稳定情绪。如有人打听情况(如火情)，一般不做回答，转大堂副理答复。

(6) 完整记录紧急情况的电话处理细节，以备事后检查。

典型案例

某星级饭店的总机房内，某日下午4点钟，806房间的住客张先生打来电话，说："刚才电话叫醒我，真让我大吃一惊。因为当我拿起电话时，听到的第一句话是'Morning, your morning call'，可是当时已经是下午4点了，怎么回事？"听罢，话务员也觉得好笑……

思考题：

1.究竟是哪个环节出了问题？

2. 为什么会出现这样的问题？

3. 应如何纠正这种错误？

单元小结

本单元主要介绍了饭店总机服务的重要意义和话务员工作的重要性，同时介绍了电话总机服务的主要内容和基本程序。

电话是饭店内外沟通联络的工具，电话总机是负责为客人提供电话服务的前台部门，在对客服务中扮演着重要的角色。总机室作为前厅部下辖的主管话务机构，在整个饭店运营过程中，是一个必不可少的重要环节，其服务质量直接影响客人对饭店的印象，也直接影响饭店的形象。

总机的服务项目有：店内外电话转接服务、长途电话服务、叫醒服务、留言服务、查询服务、店内寻呼服务、免打扰服务及报警、预警服务。

复习思考题

1. 简述总机服务在饭店中的地位。

2. 总机服务包括哪些内容？

3. 话务员在总机服务中的重要作用是什么？

课外实训

实训目的：通过实训，掌握总机各项服务业务的技能和技巧。

实训内容：店内外电话转接服务、长途电话服务、叫醒服务、留言服务、查询服务、店内寻呼服务、免打扰服务及报警、预警服务。

实训方式：实验室现场操作。

学习单元七
前厅商务中心业务

课前导读

为满足商务客人的需要，现代饭店都设立了商务中心。商务中心是商务客人频繁光顾的营业场所，所以一般设在客人前往方便的前厅，并采用透明玻璃作为隔断，且配以明显的指示标记牌。商务中心常被商务客人称为"办公室外的办公室"，其主要职能是为客人提供各种通讯、文秘和票务等服务。

本学习单元主要介绍饭店前厅商务中心业务的意义，商务中心的服务项目及服务程序。

学习目标

知识目标：通过本单元的学习，了解前厅商务中心工作的意义，熟悉前厅商务中心业务的基本内容和程序，掌握商务中心服务所需要的技能和技巧。

能力目标：通过本单元的学习，能够熟练掌握前厅商务中心的服务技能和操作技巧。

学习任务一　商务中心服务的意义

商务中心是现代商务饭店不可缺少的重要服务部门，它被商务客人称为"办公室外的办公室""公司外的公司"。近几年来，许多饭店相继开设了商务楼层和私人管家服务，为商务客人提供专门的、个性化的服务，赢得了客人的高度信任和赞誉，许多客人因此成为回头客。商务中心可为宾客提供通讯、文秘和票务等多种服务，先进的服务设施，齐全的服务项目，安静、舒适、优雅的环境，高素质的专业队伍将为饭店带来更大的经济效益。

商务中心的主要业务内容有：通讯服务，如为客人提供外线电话、电传、传真、电子邮件等服务；文秘服务，如为客人提供打字、打印、复印、翻译、名片印制、会议记录、电脑文字处理、会议设备出租、商业信息查询等服务；票务服务，如代客订购各类国内外车票、船票、机票等。此外，许多商务中心还为客人提供物品出售及出租、会议室出租、Internet服务、导游服务等服务项目。

学习任务二 通讯服务

通讯服务主要是为客人提供收发电传、收发传真等服务项目。

一、收发电传服务

(一) 接收电传

接收电传服务程序如下所述。

(1) 在电脑上核实收件客人资料。

(2) 按发件人要求及时通知客人。

(3) 在传真收发簿上登记。

(4) 将收到的备份电传(一份复印件)复印件留底，将电传发给客人。

(5) 开出账单，收取费用，或请客人签字。

(6) 如果客人挂账，请客人出示房卡并签字。

(二) 发送电传

发送电传服务程序如下所述。

(1) 为要求发电传的客人准备好电传纸。

(2) 请客人出示房卡，核对客人的姓名、房号。

(3) 确认客人字迹、号码、电传回号、城市区号等。

(4) 打印一份草稿请客人核对，确保准确无误。

(5) 发送完毕，把发出的电传送到客人房间。

(6) 开出账单，收取费用，或请客人签字。

(7) 如果客人挂账，请客人出示房卡并签字。

二、收发传真服务

(一) 接收传真服务

接收传真服务程序如下所述。

(1) 收到传真，立即查询电脑。

(2) 查明传真所注明的房号、姓名是否属实。

(3) 将传真折好放入传真袋中，在封面上盖上印章，并注明房号、姓名、页数及相关费用。

(4) 核对无误后，立即通知行李员将传真送到客人房间。

(5) 如客人不在房间，立即填写留言单，并由行李员将留言单送入客房。

(6) 开出账单，收取费用，或请客人签字。

(7) 如果客人挂账，请客人出示房卡并签字。

(二) 发送传真服务

发送传真服务程序如下所述。

(1) 确认客人发送传真的目的地，请客人填好传真发送表并签字。

(2) 向客人说明收费标准。

(3) 将传真按程序发出。发送完毕，将"OK"报告单与传真稿件一起交还客人。

(4) 开出账单，收取费用，或请客人签字。

(5) 如果客人挂账，请客人出示房卡并签字。

学习任务三　文秘服务

文秘服务主要是为客人提供打字、打印、复印、翻译等服务项目。

一、文字打印服务

文字打印服务程序如下所述。

(1) 接受客人稿件时，应与客人核对内容，查看字迹是否清楚，如有不清之处请客人确认。

(2) 问清客人对打印文件的格式、排版、字体、文字语种和取稿时间等要求，复述并确认。

(3) 向客人介绍收费标准，并告知客人打印文件所需的时间。

(4) 初稿打完后，先请客人进行校对或修改。

(5) 打印客人修改过的文件，并请客人检查确认。

(6) 待客人确认定稿后，打印正式文件。

(7) 询问客人文件是否存盘，进行保存或删除操作。

(8) 开出账单，收取费用，或请客人签字。

(9) 如果客人挂账，请客人出示房卡并签字。

二、文件复印服务

文件复印服务程序如下所述。

(1) 主动、热情、礼貌地问候宾客。

(2) 问清客人所需复印的数量和规格，介绍收费标准，填写复印登记表。

(3) 按客人要求复印。

(4) 复印完毕后，将原件和复印件如数交给客人。

(5) 开出账单，收取费用，或请客人签字。

(6) 如果客人挂账，请客人出示房卡并签字。

三、翻译服务

饭店商务中心在文秘服务中还提供翻译服务，一般提供英、日、德等语种的翻译，服务程序如下所述。

(1) 向客人介绍收费标准。

(2) 取得材料后，当面核对所需翻译的内容和语种，确认无误后接收，并约定取稿时间。

(3) 通知饭店翻译人员，请其在约定的时间内译出材料。

(4) 将译稿打印出来，按约定时间交给客人。

(5) 开出账单，收取费用，或请客人签字。

(6) 如果客人挂账，请客人出示房卡并签字。

学习任务四 票务服务

票务服务，主要是代客订购各类国内外车票、船票、机票等。订票的服务程序如下所述。

(1) 当客人要求商务中心为其订票时，员工应当请客人亲自填写订票委托单。如果客人要求服务员代填订票委托单，填好后，经客人核实无误后需由客人签名。

(2) 请客人出示身份证，以便订票。

(3) 如果预收了客人的订票款，则应在订票单上注明金额，饭店订票所收手续费应在订票前向客人说明。

(4) 登记完毕后，将订票单第一联交给客人，作为客人取票的凭证。

(5) 取到票以后，放入取票袋内，并在取票袋上注明客人的姓名、房号、预付款数额、应退款数额等。

(6) 当客人取票时，应将取票袋和订票手续费的收据交给客人，请客人当面核对，并收回客人的取票联，注明"票已取"字样并存档。

典型案例

某五星级饭店一位经商的住客弗兰克先生，于一天下午2：45来到商务中心，告诉早班服务员小李，在3：15将有一份发给他的加急传真，请收到后立即派人送到他的房间或通知他来商务中心领取。当日3：15这份传真发到了商务中心，而在3：10中班小刘已经上班。3：15小李正向小刘交代刚接收的一份紧急文件的打印要求，并告诉他有一份传真要立即给客人送去，然后按时下班。恰巧在这时，有一位客人手持一份急用的重要资料要求打印，并向接班的小刘交代打印要求；此时又有一位早上打印过资料的客人向小刘交代修改要求。忙乱之中，小刘在3：40才通知行李员把传真给弗兰克先生送去。弗兰克先生拒绝收传真并声称因为商务中心延误了他的传真，使其损失了一笔生意。弗兰克先生立即向大堂经理王先生进行了投诉。大堂经理看到发来的传真内容是：如果下午3：30没有收到弗兰克先生发回的传真，就视作弗兰克不同意双方上次谈妥的条件而终止这次交易另找买主。弗兰克自称因此损失了3万美元的利润，要求饭店赔偿他的损失，或者开除责任人。

资料来源：道客巴巴. http://www.doc88.com/p-418425888522，有改动

思考题：

1. 饭店方存在哪些失误？

2. 如何处理最为恰当？

3. 今后应注意哪些方面的问题？

单元小结

本单元介绍了前台商务中心的意义；前台商务中心的服务内容及程序。

商务中心是现代商务饭店不可缺少的重要服务部门，它是商务客人"办公室外的办公室""公司外的公司"。它的主要职能是为客人提供各种通讯、文秘和票务等服务。商务中心的主要业务内容有：通讯服务，如为客人提供外线电话、电传、传真、电子邮件等服务；文秘服务，如为客人提供打字、打印、复印、翻译、名片印制、会议记录、电脑文字处理、会议设备出租、商业信息查询等服务；票务服务，如代客订购各类国内外车票、船票、机票等。此外，许多商务中心还为客人提供物品出售及出租、会议室出租、Internet服务、导游服务等服务项目。

复习思考题

1. 前台设商务中心有何意义？

2. 简述前台商务中心的业务程序。

3. 如何收发客人的电传和传真？

4. 如何代客订购各类国内外车票、船票、机票？

课外实训

实训目的：通过实训，掌握前台商务中心服务的技能和技巧。

实训内容：收发电传、传真；代客订票。

实训方式：实验室现场操作。

学习单元八
前厅收银业务

课前导读

在饭店电脑化时代来临之前，大中型饭店的结账业务一般由总台收银处负责，其行政关系隶属于财务部，这主要考虑总台接待员工作量较大，并且饭店易于监控结账业务，可避免内部舞弊现象的发生。当今，随着总台电脑系统的运用，许多饭店培训总台工作人员掌握入住登记和结账离店两种业务，其行政关系隶属于前厅部，因为这有利于饭店节约人力成本，提高工作效率，同时增加总台人员工作的多样性，而财务部则负责监督其账务工作。收银处的业务主要有：建立和核收客账、办理客人离店结账手续、外币兑换及贵重物品的保管等。

本学习单元主要介绍饭店前厅收银业务的意义；客人进店时的建账；客人离店时的结账；外币的兑换及贵重物品的保管等业务。

学习目标

知识目标：通过本单元的学习，了解前厅收银业务的意义；熟悉前厅收银业务的基本内容和程序；掌握前台收银服务所需要的技能和技巧。

能力目标：通过本单元的学习，能够熟练掌握前厅收银服务技能和操作技巧。

学习任务一 前厅收银服务的意义

前台收银处每天都要处理客人的账务事宜，工作人员有无责任心和业务水平的高低直接关系能否保证饭店的经济效益和准确反映饭店经营业务活动的状况，同时也能反映饭店的服务水平和经营管理效率的高低。从业务性质来说，前厅收银处一般直接归属饭店财务部，因此它处在接待客人的第一线岗位，又接受前厅部的指挥。

前台收银是一项非常细致和复杂的工作，负责为客人设立账卡；核算和整理各个业务部门的收银员送来的客人消费账单；及时记录客人的各种赊账；为离店客人办理结账收款事宜；夜间统计当日营业收益，编制各种会计报表，以便及时反映饭店的营业活动情况。

因此要求前台收银员既要有较强的责任心，又要有较强的业务能力，能做到账户清楚、转账迅速、记账准确。

收银处的业务主要有：建立与核收客账、办理住客离店结账手续、外币兑换及贵重物品保管等。

学习任务二 建立与核收客账

一、为散客建立与核收客账

(1) 核查账单，如客人姓名、房号、房型、房价、抵离店日期、付款方式等，应填写齐全、正确。

(2) 核实付款方式，如使用信用卡支付，需检查信用卡是否有效等。

(3) 检查有关附件，如住房登记表、房租折扣审批单、预付款收据等是否齐全。

(4) 将客人账单连同相关附件放入标有相应房号的分户账夹内，存入住店客人账单架中。

二、为团队客人建立与核收客账

(1) 检查总账单，如团队名称、团号、人数、用房总数、房价、付款方式、付款范围等项目，应填写齐全、正确。

(2) 查看是否有换房、加房或减房、加床等变更通知单。

(3) 建立团队客人自付款项的分账单。

(4) 将团队总账单按编号顺序放入相应的账夹内，存入住店团队账单架中。

学习任务三 办理住客离店结账手续

一、散客离店结账

(1) 询问客人房号，收回房卡、钥匙和押金单等，通过电脑与客人核对姓名、房号。

(2) 通知客房中心查房，检查客房小酒吧耗用情况以及客房设施设备的使用情况等。

(3) 核实退房时间是否符合饭店规定。

(4) 委婉地问明客人是否有其他临时消费，如餐费、洗衣费等，以免产生漏账。

(5) 问明客人付款方式。

(6) 打印账单。请客人核对账单，确认无误后签字。

(7) 按照客人要求的付款方式结账，开发票。

(8) 将客人离店信息通知有关部门，并及时更新房间状态。

二、团队离店结账

(1) 工作人员在团队客人退房前一天应做好准备，核对清楚主账户与分项账户。

(2) 退房时，核准团队名称、房号、付款方式，打印总账单，请团队负责人确认并签字。

(3) 为有自付账目仍未结清的团队客人打印账单并收款。

(4) 如出现账目上的争议，及时请主管或大堂副理协助解决。

学习任务四 外币兑换

饭店为方便中外宾客，受中国银行委托，根据国家外汇管理局公布的外汇牌价代理外币兑换以及旅行支票和信用卡业务。星级饭店的前厅收银处提供24小时外币兑换业务。前台收银处每天应按照中国银行公布的当日外汇牌价，及时调整并向客人公布当日外汇牌价。外汇兑换员应接受特定技术、技能操作培训，增强识别假钞和安全防范的能力。外币兑换的具体业务内容如下所述。

一、可兑换外币现钞种类

目前可在国内指定机构兑换的外国货币有16种，包括：美元、英镑、澳大利亚元、加拿大元、欧元、日元、新加坡元、港币、澳门元、菲律宾比索、泰国铢、新西兰元、瑞士法郎、瑞典克朗、挪威克朗、丹麦克朗。饭店由于受人员、设备、客源等条件制约，通常仅提供几种主要的外币现钞兑换服务。

二、外币现钞兑换程序

(1) 了解客人要求，问清客人兑换币种，看是否属于饭店的兑换范围。

(2) 礼貌地告诉客人当天的外币兑换率。

(3) 清点外币，通过外币验钞机或人工检验外币真伪。

(4) 请客人出示护照和房卡，确认其住客身份。

(5) 填写兑换水单，将外币名称、金额、兑换率、应兑金额及客人房号填写在相应栏目内。

(6) 请客人在水单上签名，检查客人与证件上的照片是否一致，并通过电脑核对房号。

(7) 检查复核，确保金额准确。

(8) 清点人民币现金，连同护照、一联水单交给客人，请客人清点。

学习任务五 贵重物品保管

饭店为保障住店客人的财产安全，通常在总台收银处旁边的单独房间内，设有贵重物品保管箱，由收银员负责免费为客人提供贵重物品保管服务。每个保险箱设有两把钥匙，一把由收银员负责保管，另一把由客人自己保管，只有两把钥匙同时使用，才能打开保险箱。具体业务内容如下所述。

一、贵重物品保管业务内容及流程

(一) 保险箱启用

(1) 主动问候客人，明确客人的要求。

(2) 请客人出示房卡或钥匙，与电脑资料核对，确认其为住店客人。

(3) 填写贵重物品寄存单，提醒客人阅读寄存单上的宾客须知，请客人签名确认。

(4) 引导客人到保险箱所在房间，根据客人寄存物品的大小，开启大小适中的保险箱。

(5) 取出保险盒，正面递给客人，同时回避一旁，对客人寄存的物品做到不看、不问。

(6) 在寄存单上注明箱号、经手人、寄存时间等内容。

(7) 客人放好物品后，把保险盒放入保险箱内，当着客人的面锁好保险箱，将其中一把钥匙交给客人，总钥匙由收银员保管。同时，提醒客人妥善保管钥匙。

(8) 在电脑内做好记录，并将寄存单存档。

(二) 中途开箱

(1) 请客人出示保险箱钥匙，找出寄存卡，请其在背面签字。

(2) 确认客人寄存单背面签字与正面签字一致。

(3) 当着客人面用两把钥匙打开保险箱，请客人取用物品。

(4) 客人存取完毕，再当面把保险箱锁好，提醒其保管好钥匙。

(5) 在寄存单上注明寄存时间、经手人并存档。

(三) 退箱

(1) 核准钥匙及客人签名后，当客人面打开保险箱。

(2) 客人取出物品后，检查一遍保险盒，以防有遗留物品，收回保险箱钥匙，锁上该箱。

(3) 记录退箱时间、经手人，在电脑上删除记录，并将寄存单存档。

(四) 保险箱钥匙遗失的处理

(1) 收银员应呼叫大堂经理和保安部人员，请客人出示有效证件和房卡，核实其身份后，请其在寄存卡背面说明并签字。

(2) 与工程部人员一起当着客人的面强行钻开门锁，请客人核对寄存物品是否完整、有无遗漏，并做好记录，以备查核。

二、贵重物品保管工作注意事项

(1) 定期检查保险箱各门锁是否处于良好的工作状态。

(2) 饭店可规定客人寄存贵重物品的最高标准及赔偿限额，避免不必要的麻烦。

(3) 客人寄存物品时，收银员应注意回避。

(4) 严格、认真核对客人的签名。

(5) 必须请客人亲自来存取，一般不能委托他人。

(6) 交接班时，应仔细核对保险箱的使用数目、钥匙数量。注意所有保险箱钥匙不能带出总台，必须妥善保管。

(7) 客人退箱后的寄存单应存放至少半年以上，以备查核。

典型案例

某日，一位客人持运通卡在饭店餐厅消费，几日后客人通过信用卡公司给饭店发来传真，仅承付当日在饭店餐厅消费的一笔账单，而拒付另一笔当日消费的餐费账单。理由是另一笔信用卡签购单上虽然卡号与该客人的运通卡一致，但持卡人的签名与有关证件均不相符。服务员调阅该日的中餐厅账单后发现，账单结账时间基本一致，而账单上的结账方式一个为运通卡，另一个为长城卡。经收款员回忆，当日两位客人同时来结账，收款员为持运通卡的客人结完账后，未及时将客人的卡从压卡机中取出，又拉了一次卡单给持长城卡的客人签字，而长城卡并没有从压卡机上压印过，造成运通卡重复记账。

资料来源：职业餐饮网. http://www.canyin168.com/glyy/qtgl/qtal/201106/31725_6.html，有改动

思考题：

1. 收银员犯了哪些操作错误？

2. 如何避免此类错误的发生？

单元小结

本单元主要介绍饭店前厅收银业务的意义；客人进店时的建账；客人离店时的结账；外币的兑换及贵重物品保管等业务。

前台收银是一项非常细致和复杂的工作，负责为客人设立账卡；核算和整理各个业务部门的收银员送来的客人消费账单；及时记录客人的各种赊账；为离店客人办理结账收款事宜；夜间统计当日营业收益，编制各种会计报表，以便及时反映饭店的营业活动情况。

复习思考题

1. 前台收银工作有何意义？

2. 前台收银业务有哪些？

3. 如何办理客人的结账手续？

4. 保管客人的贵重物品时应注意什么？

5. 当前我国外币兑换的种类有哪些？

课外实训

实训目的：通过实训，掌握前台收银业务的技能和技巧。

实训内容：建立客账、离店结账、外币兑换及贵重物品保管。

实训方式：实验室现场操作。

学习单元九
前厅大堂副理业务

课前导读

走进富丽堂皇的饭店大堂，你会在其一侧注意到一张典雅、精美的桌子，上面摆放着鲜花，旁边坐着一位能讲一口流利英语、和颜悦色的饭店"官员"，他(她)就是饭店的大堂副理。大堂副理代表饭店总经理接待每一位在饭店遇到困难而需要帮助的客人，并在自己的职权范围内予以解决，包括回答客人问讯、解决客人疑难、处理客人投诉等。因此，大堂副理是沟通饭店和客人之间的桥梁，是饭店建立良好宾客关系的重要环节。

学习目标

知识目标：了解大堂副理的岗位职责与素质要求；掌握大堂副理的工作内容。

能力目标：掌握大堂副理日常工作的基本程序。

学习任务一 设置大堂副理职位的意义

大堂副理当值对协调部门关系、处理跨部门投诉、保证对客服务的高效以及处理重大或紧急事件具有重要的作用，是饭店对客服务的总代表、饭店形象的宣传员和对客服务的协调员。

一、对客服务的总代表

大堂副理是饭店对客服务的总代表，代表饭店处理对客服务中的重大问题及部门间难以协调或协调不成功的问题；代表饭店组织、协调、落实各个部门和员工对客服务工作；代表饭店执行饭店对客服务的相关政策，如索赔政策、优惠与折扣政策等；代表饭店处理宾客投诉等。

二、饭店形象的宣传员

大堂副理是饭店形象的宣传员,他通过自身的服务工作、协调工作来宣传饭店的实物产品形象、设施设备形象、服务形象、环境形象等。

三、对客服务的协调员

大堂副理是饭店对客服务的协调员,他负责联络与协调饭店各有关部门的对客服务工作;处理、协调宾客提出的跨部门投诉;在饭店出现特大或紧急事件时,组织、协调有关部门及人员做好对客服务工作。

学习任务二 大堂副理岗位职责

大堂副理在饭店中承担着饭店管理代表之一的角色,在前厅部具有十分重要的地位,其职责主要包括以下几方面。

(1) 代表饭店管理当局执行饭店对客服务政策。

(2) 代表总经理接受并处理客人的一切投诉,听取客人的意见和建议。

(3) 作为饭店管理机构的代表检查各部门员工的纪律、着装、仪容仪表及工作状况。

(4) 联络与协调饭店各有关部门对宾客的服务工作。

(5) 检查饭店公共区域,消除安全隐患。

(6) 检查并指导大堂及直接相关区域的对客服务质量。

(7) 督导团队接待部门和有关部门落实VIP接待准备工作。

(8) 每日参加部门经理例会,通报客人投诉情况、员工违纪情况等,并提出相关意见。

(9) 参与迎送饭店重要宾客。

(10) 维持大堂及附近公共区域的秩序和环境的安静、整洁。

(11) 协助总经理或代表总经理接待好贵宾和商务楼层客人。

(12) 解答客人的咨询;协助前厅部员工处理好日常接待中出现的各种问题,如超额预订问题、客人丢失保险箱钥匙问题、客人签账超额而无法付款的问题、逃账以及其他账务等方面的问题。

(13) 遇到重大或紧急情况(如突发性疾病、伤亡、凶杀、火警、失窃、自然灾害等),代表饭店总经理组织、调动有关人员进行处理;制止非法行为的发生(如吸毒、卖淫、嫖娼、赌博等)；劝阻客人玩危险游戏、酗酒；解决客人之间的纠纷，维护客人安全，维护客人利益。

(14) 认真做好每日的工作日志，认真记录重大事件并存档。

学习任务三　大堂副理工作内容

大堂副理当值一般采用三班制，实行24小时轮班当值。大堂副理在对客服务中应遵循一定的服务运作程序。

一、接班

目的：了解饭店运营情况，获取最新信息。

(1) 与上一班大堂副理移交传呼机和饭店总钥匙，检验传呼机是否工作正常。

(2) 阅读大堂副理值班日志、宴会与会议预订单、贵宾报告单，了解饭店最近发生的投诉、接待方面的重大事件，当日要跟办的事宜，以及当日客房出租的情况。

(3) 了解团队客人抵离店时间及行李进出情况。

(4) 阅读饭店行政部门和其他部门发送的最新文件和通知，了解饭店的方针、政策及执行程序。

(5) 早班大堂副理负责在上班后10分钟内将值班日志送交前厅部经理。

(6) 早班大堂副理参加前厅部经理主持的早会，并将会议内容记录下来供其他班次的大堂副理阅读。

二、贵宾的接待

目的：保证贵宾的顺利入住和离店。

(一) 准备

(1) 在贵宾抵店前大堂副理必须检查他们的排房是否合理，钥匙是否预留。

(2) 和客房部主管检查贵宾预留房，保证房内物品摆放规范，卫生达到标准，设备工作正常，温度控制适当，鲜花、致意品、总经理及副总经理的名片已经送达，如不合格由客房部主管跟办。

(3) 在宾客抵店前一小时必须完成最后一次检查。

(4) 如客房内存在的问题一时无法解决,大堂副理必须通知前厅接待部给予换房,通知客房部按贵宾标准清洁整理已换的房间,转移鲜花、致意品等,重新检查,使之符合要求,并通知订房部。

(5) 督导大堂各部门着装整洁,站立规范。

(6) 指示订房部填写抵店贵宾的住客表、欢迎卡。

(7) 持住客表、欢迎卡、房间钥匙、留言、传真(如有)站立大堂等候贵宾到达。

(8) 视情况通知保安部控制一部客梯,停在一楼等候。

(二) 贵宾抵店

(1) 贵宾抵店时,大堂副理需迎上前去,陪同宾客到房间进行入住登记。陪宾客入住途中,视情况向贵宾介绍饭店服务设施和场所。

(2) 如贵宾没有事先通知抵达饭店,大堂副理应立即通知总机,由总机通知有关部门。

(3) 在客房中为宾客办理完入住登记手续后,大堂副理应视情况简要介绍饭店房内设施,物品的位置和使用方法,房门自动锁的使用,室温调节方法,混水龙头的使用和服务简介的位置。

(4) 离开客房前需询问宾客有何服务要求,然后面向宾客,轻轻将门关上,将入住登记表交到前厅接待部。

(三) 入住期间

贵宾入住期间,大堂副理需了解并注意其在店内的各项活动,及时协调,检查各项服务。

(四) 贵宾离店

(1) 大堂副理在贵宾预期离店的前一天联络贵宾(或随行人员),问清离店的时间、行李收集时间以及有何特殊服务要求。

(2) 贵宾要求近期离店,大堂副理需将贵宾离店的准确时间通知总机,由总机通知有关部门。

(3) 提醒前台收银将贵宾账目准备好,检查账单,保证无误。

(4) 督导行李员按时为贵宾出行李。

(5) 陪同贵宾或随从到前台收银处结账。

(6) 陪同宾客至大门外,督导行李员装车,送客上车,礼貌地向宾客挥手道别,待车辆驶出视线后转身返回。

三、饭店总钥匙的使用

目的：正确使用饭店总钥匙。

(1) 大堂副理因工作需要配备的饭店总钥匙直接关系饭店的安全，责任重大，应妥善保管，不得转借他人，不得带出饭店，不得丢失。

(2) 遇到紧急情况，大堂副理应持总钥匙赶到现场，进行处理。

(3) 使用总钥匙进入锁闭的房间，需由该部门的员工或保安陪同。

(4) 完成任务后，需根据需要将房间重新锁上。

(5) 使用总钥匙的情况需记入值班日志。

(7) 大堂副理如需暂时离店，需征得前厅部经理的同意；如前厅部经理不在，需征得高值的同意，做出安排后离店。离店前应将传呼机交前台，将总钥匙锁入保险箱，保险箱的钥匙交保安主任暂时掌管。

四、饭店公共区域的检查与督导

目的：维护饭店公共区域的清洁和正常的秩序。

(1) 检查饭店公共区域的卫生清洁状况，如发现不符合要求，通知客房部派人来清洁。

(2) 督导保安劝离影响大堂正常秩序的人员，外来人员在大堂不准使用对讲机。

(3) 劝阻违反饭店店规的员工。

(4) 检查通道、车道，保证其畅通。

(5) 检查路灯、音响、标志、标语、指示牌、旗帜等，保证符合要求、完好无损。

五、团队接待的督导

目的：确保团队接待工作的顺利进行。

(一) 准备

(1) 大堂副理应了解当日抵店团队的团数、团号、人数、房数，行李抵店时间和方式，营业部团队接待员的姓名，以及是否有贵宾团。

(2) 了解前厅接待部的排房情况，以及客房部清洁的进度，尽可能地督导工作人员在宾客抵店前完成。

(3) 贵宾团到店，按贵宾团接待程序进行。

(4) 确保车道和通道的畅通。

(二) 团队抵店

(1) 大堂副理应站在大门口,对团队的到达表示欢迎。

(2) 督导大堂外的保安员指挥车辆停靠在适当位置,避免造成大堂门口的车辆堵塞。

(3) 督导团队接待员、大堂内保安员将宾客领至前台对面的休息处,如遇几个团队同时抵店,可将其安排在相对安静的地方,避免大堂过分拥挤。

(4) 如遇团队进店带佛像,需请该团的领队和陪同协助将佛像放在指定的地点,验明尊数,交代大堂内保安负责看管。

(5) 如遇营业部团队接待员不在,大堂副理应根据饭店规定批准增开司陪房,由前厅接待员跟办。

(6) 如遇团队抵店时客房尚未清洁完毕的情况,应劝说宾客在大堂等候,不可让前厅接待员先发钥匙,同时通知客房部尽快完成工作。

(7) 如遇吃素团队或有特别饮食要求的团队或团员,大堂副理应提醒团队接待员及时请餐饮部做好安排。

(8) 督导大堂保安员有秩序地引导宾客上楼层。

(9) 大堂副理向宾客介绍饭店设施,解答宾客提问,帮助宾客寻亲探友,接受宾客投诉。

(10) 督导行李员迅速、准确、安全地将行李送入宾客的房间。

(11) 夜间,大堂副理需同楼层保安进行楼层巡视,有礼貌地劝阻大声喧哗、烧香、衣冠不整、脚履拖鞋在公共场所走动的宾客。

(12) 检查叫醒服务的执行情况。

(三) 团队取消

如团队未能抵店或取消,大堂副理应在早上4：30之前通知早餐厨师,取消该团队早餐,并告知营业部。

(四) 团队离店

(1) 督导前台收银处备好杂项费用。

(2) 协助前厅接待部回收钥匙。

(3) 向宾客索赔带走或损坏的物品。

(4) 督导保安保证大堂正常秩序和车道畅通。

(5) 督导行李员迅速、准确、安全地将行李送上车。

(6) 向离店的团队挥手告别。

六、投诉的处理

目的：消除宾客不满，改进饭店服务。

(1) 选择整洁、清静、不受干扰的地方接受宾客投诉，所携带的传呼机应关上。如对方有很多人，应请投诉宾客单独谈。

(2) 了解宾客的姓名和房号，认真听取宾客的投诉，不得打断宾客的谈话，对出言不逊的宾客应容忍，不得争执。

(3) 明确事件发生的起因、时间、地点、主要人物、过程，并做好记录。

(4) 对饭店的明显失误，应向宾客道歉，不可推卸责任，但不要批评饭店部门和员工，尽量满足宾客的自尊心和优越感。

(5) 尽可能多地提出解决问题的办法或建议，征求宾客的意见。如一时不能答复，应告诉宾客问题解决的明确时间，超出自己权限和没有把握的事情，应请示上级领导。

(6) 向有关部门和人员详细、全面地了解事情的经过，客观地反映给有关领导。

(7) 协助有关部门做好后续服务，客观地将跟办的情况告诉宾客。

(8) 将投诉的处理情况记入工作日志。

七、索赔

目的：维护饭店设备、用品的星级标准，保证饭店利益。

(1) 大堂副理代表饭店向宾客提出索赔，应熟知物品的价格、索赔价格、减免幅度、索赔政策。

(2) 得知饭店设备或用品被损坏或丢失后，应立即到现场，并安排有关人员查看现场、保留现场，核实记录。

(3) 大堂副理经过调查，确认设备、用品损坏系住客所为或负有责任后，应根据损坏的轻重程度，参照饭店的赔偿价格，向宾客提出索赔。

(4) 索赔时大堂副理必须由有关人员陪同，礼貌地指引宾客查看现场，陈述客房之原始标准状态，尽可能向宾客展示有关记录和材料，如做房记录等，如果宾客外出，必须将现场保留至索赔结束。

(5) 如宾客对索赔有异议，大堂副理无法说服宾客，赔偿价在50元以下的由大堂副理酌情处理；赔偿价在50元以上的应向当班高值汇报，由高值与宾客继续商谈。

(6) 如果索赔牵涉贵宾，必须先报请高值批准，转告随行人员或具体接待单位，向他们提出索赔。

(7) 如宾客同意赔偿，大堂副理应让有关人员立即开出杂项单，并以宾客易于接受的理由(如购置费)填写杂项单，让宾客付款签字。

(8) 宾客赔偿后，大堂副理应通知有关部门立即恢复标准，如宾客要求换房，视住房状况给予满足。

八、带客参观

目的：推销饭店。

(一) 常客参观政策

(1) 零星散客参观，由大堂副理视情况做出决定并安排。

(2) 与饭店营业有关系的单位要求参观，应先报营业部批准，由大堂副理执行。

(3) 与饭店营业无关系的单位要求参观，应先报总经理办公室批准，由大堂副理执行。

(4) 参观总统套房应报前厅部经理批准；如前厅部经理不在，报高值批准。

(二) 参观程序

(1) 参观前，大堂副理应和前厅接待部联系，查明参观房处于空房状态后，领取钥匙，通知前厅接待员封锁参观房。

(2) 参观人数多时应分批带客参观，通常每批不超过10人。

(3) 带客参观时应热情巧妙地根据不同宾客的要求推销饭店，劝导大声喧哗的参观人员。

(4) 参观完毕，送客至大堂门外，通知客房部查房，将钥匙交还前厅接待部。

九、双锁客房

目的：阻止可能发生的意外情况，保障宾客和饭店的财产安全。

(1) 宾客离店出远门，大堂副理须和房务员一起进房，提醒宾客寄存贵重物品，检查电器、水龙头开关，确认宾客返店日期，通知前厅接待部在房间清洁后双锁，并通知前厅部经理。

(2) 宾客长期外出未归，尚未结账，在联络不到宾客时，大堂副理应报前厅部经理或高值批准后，双锁。

(3) 封闭楼层由前厅部经理通知，大堂副理执行。

(4) 楼层特殊房间的双锁需向前厅部经理确认后执行，双锁的打开需经前厅部经理同意后执行。

(5) 在第(2)(3)(4)种情况下如要打开双锁，需报请前厅部经理或高值批准后执行。

十、客房窗户的开启

目的：防止意外的发生。

(1) 宾客要求开启客房窗户时，大堂副理应了解原因，适当地给予拒绝。

(2) 如情况特殊，应请示前厅部经理(或高值)批准，如同意，大堂副理通知客房部开窗。

十一、饭店宾客遗物招领

目的：协助宾客寻回遗留或丢失的物品。

(1) 遗留或丢失的物品交大堂副理后，大堂副理带拾获者一同前往客房部登记、存放，如失物是身份证、文件、危险品、反动或黄色宣传品，须带往保安主任办公室登记、存放。

(2) 了解失物的名称、拾获地点、拾获时间、拾获者姓名。

(3) 根据他人提供和发现的线索寻找失主。

(4) 失主来认取时，大堂副理带失主前往存放部门。失物价值在5000元人民币以上的，领取前应通知前厅部经理(或高值)。

(5) 如失主已离店，失物需邮寄给宾客，报请前厅部经理批准，由行李员跟办。

十二、查房

目的：配合公安、安全部门执行公务，保护住客的正当权益。

(1) 公安或安全部门来店查房，大堂副理应了解查房的理由，通知保安部主任接待。

(2) 贵宾、外交官员及有关部门关照的宾客不查。

(3) 由大堂副理和保安主任带查房人员上楼层，公安或安全部门的查房人员人数一般不超过两人。

(4) 进房前，大堂副理应先打电话通知宾客，敲门进房；进房后，大堂副理向宾客说明查房理由，介绍查房人员；查房后，大堂副理向宾客道歉后退出客房。

(5) 如有突发事件发生，大堂副理应立即报告高值。

(6) 如查房人员要把宾客带走，需请宾客先结账再离店。

十三、住客伤病的处理

目的：保障住客的健康。

(1) 大堂副理在接到住客伤病通知后，根据病情联系饭店医疗室的医生出诊，或请病人到医疗室就诊。如饭店医生不在，则根据病情，请宾客外出就医，说明车费与医疗费需由宾客自理。

(2) 如宾客同意外出就医，大堂副理需联系车辆，建议宾客的亲朋好友陪同。如宾客没有陪同人员，大堂副理征得宾客同意后通知行李部派一名行李员陪同前往。如宾客身份高，大堂副理应视情况亲自陪同前往。

(3) 宾客要求购买治疗疾病的常用药品，大堂副理视情况给予同意，但应请宾客写下药名，买药由行李员执行。宾客的购药单和购药发票的复印件须留存。

(4) 外出治疗的宾客回店后，大堂副理应进房探望，代表饭店慰问宾客，询问有何特殊服务要求。

(5) 如宾客需在医院住一段时间，大堂副理应问清宾客是否还需要保留房间。宾客若要办理离店，需得到宾客的授权信，然后由房务员、大堂副理和保安在场见证，行李员收拾行李存放于行李房，大堂副理替宾客到收银处办理离店手续。

十四、饭店员工的伤病处理

目的：使遭遇工伤、患急病的员工迅速得到治疗。

(1) 接到饭店员工工伤或急病的通知，应立即转告饭店医疗室、保安部和员工所在部门的经理。

(2) 如医疗室医生下班，大堂副理应根据员工的伤病严重程度决定是否送外治疗。如需外出治疗，可让伤病员工从收银处暂借医疗费用，大堂副理可视情况通知保安主任派一名保安员陪同，通知车务部派车，车费单留第二天伤病员工所在部门经理签字，大堂副理可在车费单上注明事由。

十五、失窃案件的处理

目的：妥善处理失窃案件。

(1) 大堂副理接到失窃报告后，应立即通知保安主任，一起赶往现场。

(2) 协助保安保护现场，协助保安主任做访问笔录，向保安部了解破案进展，与宾客保持联系。

(3) 如宾客要向公安机关报案，大堂副理负责与保安部联系。

(4) 宾客若离店，应请宾客留下联系地址。

(5) 破案后，大堂副理应立即通知宾客，将物品归还并请宾客当面点清。

十六、紧急情况处理

(一) 火警

目的：在火警发生的时候，明确自己所在的位置和应做的工作。

(1) 由保安中控室打来的火警电话为正式的火警通知。大堂副理接到通知后，应立即带饭店总钥匙赶到现场，协助保安主任(消防队员)打开双锁的房间。

(2) 完成开双锁的任务后，立即返回大堂，根据总经理的指示回答宾客的询问，与宾客保持联系。

(3) 如电话系统出现故障，大堂副理应指挥行李员前往救火指挥部负责传递消息。

(4) 引导疏散的宾客到达集结地点。

(5) 督导大门外的保安指挥车辆离店。

(6) 督导大堂各岗位待命，不得惊慌失措、到处乱跑。

(二) 死亡

目的：妥善处理死亡事故。

(1) 大堂副理接到宾客的死亡通知后，应立即通知保安主任赶到现场，劝阻无关人员退场，维持现场秩序，保护好现场，待公安部门来验尸。

(2) 通知前厅接待部在死者遗体出店之前，该楼层不排房。运送死者遗体时应乘员工梯从后区出店，出店时应避免上下班的高峰期。

(3) 在处理过程中，应把消息封锁在最小的范围内。

(三) 停电

目的：妥善处理停电造成的不便，保证饭店正常运转。

1. 事先通知停电

(1) 大堂副理根据前厅部经理的通知，做好停电的准备工作。

(2) 饭店工程部因工作需要安排的暂时停电，应在凌晨1∶00以后执行。

(3) 停电之前大堂副理应检查所有电梯是否都停在一层。

(4) 饭店利用发电机供电时，大堂副理应检查工程部是否安排一部客梯运行。

(5) 回答宾客的询问，向宾客道歉。

(6) 恢复正常供电后，大堂副理应与保安一起巡视楼层。

2. 突然停电

(1) 通知保安部取出应急灯，保证前台、大堂外、大堂主要通道的照明。

(2) 了解停电原因，向宾客解释、道歉。

(3) 检查大堂各岗位员工的在岗情况。

(4) 协助工程部和保安人员将困在电梯里的人员解救出来。

(5) 注意防火。

(6) 恢复正常供电后，大堂副理应与保安一起巡视楼层。

十七、免收宾客半日租

目的：正确处理延迟离店的宾客房租减免事宜。

(1) 饭店规定，超过中午12：00离店的宾客应加收半日租，超过下午6：00离店的宾客应加收全日租。

(2) 如宾客在12：00以后离店要求免收半日租，大堂副理可根据客况、宾客身份、离店时间和原因酌情考虑，决定是否给予减免，通知前厅接待部与前台收银处执行。

十八、房务报表与电脑记录差异的处理

目的：查找差异的原因，做出相应的处理。

(1) 发现房务报表与电脑记录有差异时，应和房务员进房确认房务报表与实际房态是否一致。

(2) 查看钥匙是否收回。钥匙带走而又未结账，房费算到钥匙交回结账之日；钥匙带走，而后房又出租，房费算到出租之前。

(3) 向前台了解宾客的详细情况。

(4) 根据掌握的情况，做出判断和处理。

(5) 需Check Out房间时，大堂副理通知前台收银处打出账单，在账单上写明原因并签字。

十九、饭店巡视

目的：及时发现不安全因素。

(1) 大夜班的大堂副理应和保安主任进行一次巡视，巡视地点为客房楼层、公共场所、康乐中心、餐饮场所、饭店外围和大夜员工的岗位。

(2) 在中午和晚上餐饮营业高峰、团队抵离店、举办大型宴会、召开会议、舞厅营业高峰时，当班大堂副理应在这些场所进行巡视。

(3) 一旦发现问题，应通知有关部门跟办或向有关部门反映。

在巡视中，应注意以下场所。

(一) 客房楼层

(1) 留意客房楼层的任何可疑人员。

(2) 留意楼层设施是否损坏与丢失。

(3) 劝阻大声喧哗的住客，以及半夜未离店的访客。

(4) 留意宾客的房门是否关上。

(5) 督导各岗位员工遵守纪律。

(二) 公共场所

(1) 留意任何不受欢迎的人。

(2) 留意公共场所的清洁卫生状况。

(3) 留意饭店设施是否运作正常。

(4) 留意所有通道是否畅通。

(5) 督导各岗位员工遵守纪律。

(三) 餐饮场所

(1) 留意餐厅和厨房的清洁状况。

(2) 留意是否做到防火安全。

(3) 留意员工的服务水平。

(4) 了解营业概况。

(四) 舞厅

(1) 留意任何不受欢迎的人。

(2) 留意任何违法或伤风败俗的行为。

(3) 留意是否有本饭店员工跳舞。

二十、叫醒服务的督导

目的：确保饭店叫醒服务的顺利开展。

(1) 大堂副理应在最早的叫醒时间，至少提前半小时向总机落实：叫醒的记录本是否送上？叫醒的房号是否输入电脑？对于迟到的团队，叫醒时间是否补充输入电脑？电脑是否有故障，是否需要人工叫醒？

(2) 如电脑发生故障，应通知值班工程师予以排除，如工程师认为必须请人来店排除，大堂副理应通知车务部派饭店车辆接送。

(3) 如电脑故障无法排除，应通知总机执行人工叫醒服务。团队叫醒，总机可请陪同和领队协助，如陪同和领队不给予协助，叫醒仍由总机执行；散客叫醒，则由总机按时间逐一进行。大堂副理代表饭店向投诉的宾客解释、道歉。

(4) 如遇宾客投诉没有接到叫醒或延误叫醒，大堂副理应进行调查，将调查结果记入工作日志。

二十一、常住客及长住客的拜访

目的：了解常住客及长住客的需求，倾听宾客的意见和建议，改进饭店服务。

(1) 大堂副理代表饭店拜访常住客、长住客，其工作有别于私人之间的交往。

(2) 大堂副理拜访的常住客、长住客多为持饭店VIP卡的宾客。

(3) 长住客为每月拜访一次，常住客视情况拜访。

(4) 拜访时应注意：不要随便承诺、表态；保守饭店机密；不介入宾客或公司之间的纠纷；不托宾客买东西，谢绝宾客送礼；拜访时间一般不超过一小时；拜访时将传呼机交前台代管，请前台接听大堂副理的电话，并留意其他事项。

(5) 拜访内容包括：对饭店服务的评价；有何特殊要求；发送饭店服务水准调查表(按密件回收程序回收)。

(6) 宾客反映的问题如能立即解决，应通知有关部门马上跟办；如不能立即解决，应向宾客作解释，反映给有关部门的经理和饭店高级管理人员。

(7) 将拜访的情况摘要地记录在工作日志上供饭店领导参考。

二十二、客满状态的督导

目的：督导大堂各部门在客满状态下的运营，保障饭店客源不外流。

(1) 了解超额预订的情况。

(2) 督导前厅接待部按照程序，有条不紊地工作。

(3) 接受宾客因没房、没理想的房间或其他不便提出的投诉并加以解决。

(4) 督导订房部落实因客满而外住宾客第二天的保证订房。

(5) 落实向第二天的回店宾客发放致意品的工作。

(6) 宾客回店后，大堂副理应在大门口迎接。

二十三、《客房营业报告表》的审核

目的：了解饭店客房收入与宾客入住状况，确保报表准确无误。

(1) 上大夜班的大堂副理负责《客房营业报告表》的审核。

(2) 收银员向大堂副理递交报表，大堂副理应逐项进行审核，尤其是宾客的归类、团队及散客的人数、平均房价等项目，保证正确无误后签字认可。

二十四、打折扣及退还误账

目的：消除宾客不满，纠正工作中的差错。

(1) 接到宾客有关打折扣和退还误账的投诉，大堂副理既要坚持原则，维护饭店的利益，又要消除宾客的不满。

(2) 宾客要求打折扣，大堂副理应检查其是否可享受优惠。如可享受优惠，按饭店政策执行；如不可享受优惠，需进行解释，并根据宾客的身份、职业、活动进行判断，如是潜在的回头客或是会给饭店带来利益的宾客，可按权限给予折扣。

(3) 宾客提出误账退还，大堂副理应核查账单，检查是否是饭店失误或是宾客误解。如是饭店失误，应一分不少地退还误账，向宾客道歉；如属宾客误解，需向宾客解释，讲清不退的原因。退款后，大堂副理要在退款单上注明原因并签字。

二十五、23：00以后的来访者与入住者的处理

目的：预防意外事件的发生，保障饭店的安全。

(1) 饭店规定未在饭店登记入住的宾客在23：00以后不得继续在饭店逗留，如发现客房仍有访客未定，大堂副理应有礼貌地向住客解释，劝其访客离开。

(2) 如果深夜23：00点以后有访客来店，大堂副理应有礼貌地解释饭店的规定。如访客坚持要见住客，大堂副理应记下住客的房号、姓名，电话通知住客，同时进行必要的解

释，请住客下楼在大堂会见访客。

(3) 如住客要在房间内会见访客，大堂副理应向其解释劝说。但如确系工作需要必须进客房，大堂副理应让访客在前台登记后上楼，并通知保安加以留意。VIP宾客的访客则酌情处理。

(4) 如住客要求留宿来访者，大堂副理要请住客和访客一起到前台登记入住，但一个房间住宿不得超过三人。

(5) 如宾客因购买机票等原因不能及时取回护照、回乡证、身份证等证件，仍要求入住，大堂副理需查明宾客的身份后报高值处理。

二十六、值班日志的记录

目的：据实向饭店高级管理部门反映饭店运营状况，以及各部门之间的协调和建议。

(1) 大堂副理在下班之前必须用整洁的字体详细记录本班次饭店发生的事情和要求继续跟办的事宜。

(2) 在做记录之前，必须注明当值时间、日期、姓名和当班高值的姓名。

(3) 大堂副理在处理问题时，必须认真、仔细地进行调查了解，获得准确、完整的材料，记录内容包括：事件发生的时间、地点及主要人物的姓名和房号；事件发生的起因、经过、结果；跟办解决的情况和结果。

(4) 大堂副理应客观地记录事实，不应将个人意见写入日志。

(5) 对于与其他部门有关的、需要立即跟办的事宜，应立即通知有关部门负责人和有关领导，请他们采取措施，并做好记录。

(6) 时常阅读工作日志，以便保证所有事件都能获得解决、所有工作都能完成。

二十七、跟办商务中心职员下班后的业务

目的：保证饭店24小时为宾客提供商务服务。

(1) 在晚上23：00下班之后、早晨7：00上班之前及商务中心职员用餐时间，所有商务中心业务由大堂副理负责。

(2) 大堂副理应熟练使用传真机、电传机、复印机、四通打字机和英文打字机，掌握挂电话和电话发送电报的方法，以迅速、准确地满足宾客的要求。

(3) 大堂副理应熟悉各项业务的收费标准，负责填写账单，由宾客签字认可。如宾客挂账，需及时将账单交收银处；如宾客付现金，需妥善加以保管，待商务中心职员上班时

交接。账单应留在商务中心。

(4) 提供英文打字机、四通打字机出租服务。如宾客要求使用电传机，可同意。

(5) 对于宾客的姓名和房号、服务内容、收入金额和开出的账单号码，需要做记录。

二十八、下班交接

目的：帮助前来接班的同事熟悉情况，明确任务，迅速进入工作。

(1) 浏览一遍当值记录的内容，避免错、忘、漏。

(2) 口头提醒接班同事跟办事宜，解释不易掌握的问题。

(3) 移交传呼机和饭店总钥匙。

学习任务四　大堂副理应具备的素质

(1) 接受过良好的教育，具备大专以上学历。

(2) 在前台岗位工作三年以上，有较丰富的饭店实际工作经验，熟悉客房、前厅工作，略懂餐饮、工程和财务知识。

(3) 有良好的外在形象，风度优雅。

(4) 外语流利，能用一门以上外语(其中一门是英语)与客人交流。

(5) 个性开朗，乐于且善于与人打交道，有高超的人际沟通技巧；能妥善处理与客人、各部门之间的关系，有较强的写作及口头表达能力。

(6) 口齿清楚，语言得体。

(7) 有较强的形象、管理、公关及整体销售意识。

(8) 了解饭店各部门的运作程序。

(9) 见识广，知识面宽，掌握一些本地区的历史、游乐场所、购物及餐饮场所的有关情况。

(10) 了解主要客源国的基本风土人情。

(11) 对国家及饭店的政策规定有着充分的了解。

(12) 具有较强的自我控制能力，处事不惊，不卑不亢。

(13) 具有正确地判断、分析、处理问题的能力。

(14) 思维要敏捷，意见表达要准确，问题处理要恰当。

(15) 要以身作则，敬业乐业，作风正派。

典型案例

黑色记事本不翼而飞

澳大利亚某报记者纽曼先生特地到上海收集有关浦东开发的信息。下了飞机后，根据预订，他径直前往某宾馆。入住手续很快办完，纽曼先生被行李员引领到1122房住下。由于这次计划安排较紧，来访活动较多，纽曼先生不敢怠慢，进房后不久便租车外出了。

纽曼先生是个老记者，长期以来养成的职业习惯使他到沪后就不知劳累地四处奔波，回到宾馆已近半夜。第2天清晨接近6点钟，纽曼先生来到大堂副理处，声称他的一本黑色记事本不见了，内有一张回国后将采访澳大利亚网球公开赛的记者证和该报总编先生临行前向他推荐在沪访问的部分单位简况介绍。如果这本记事本找不到，他这次的上海之行将难以取得预期成果。纽曼先生当时太焦急了，说话结结巴巴，冷汗直冒。大堂副理见状先好言安慰一番，还让一名服务员送来热毛巾给他擦汗。稍稍平静后，纽曼先生坐在大堂副理对面的皮椅上，把丢失记事本的经过比较清楚地叙述了一番。据他回忆，最后一次看到黑色记事本是昨天半夜回来时，他清楚地记得还翻阅过本子。大堂副理头脑十分冷静，略加思索后便得出结论：记事本多半仍在房中，因为一则从昨天半夜到今晨才7个小时，这段时间纽曼先生没有外出过；二则记事本上尽是有关工作的内容，他人不会对之感兴趣。大堂副理把自己的想法坦率地告诉纽曼先生，并提出同他一起到房里查看现场的建议。

进房后，大堂副理征得纽曼先生同意后，在抽屉、床边、沙发背后等处寻找，半个小时过去了，记事本依然无影无踪。大堂副理让纽曼先生坐下，请他再好好回忆昨夜回来后直到今天发觉记事本丢失的这段时间里做了哪些事情。"回到房间我先换上拖鞋，接着洗脸，泡一杯茶……"他一一追忆昨晚的一切，"随后接到一个澳大利亚报社打来的电话，后来按总编意图又打出了两个电话，最后洗澡、看报、熄灯睡觉。"纽曼先生力图不错失每一个细节。大堂副理边听边记，纽曼先生讲完了，他开始沉思。片刻后他猛然站起，转身奔向写字桌，打开文件夹，只见一本精装的黑色记事本正在那里。纽曼先生大喜过望，称赞大堂副理有特异功能。大堂副理告诉他，他只是听到他回来后还打过电话，便想到客人一定会首先查询打外线电话的办法，这样他便很有可能一手拿着写有对方电话号码的记事本，另一手翻开《服务指南》，打完电话后他便随手把记事本留在文件夹中了。

资料来源：豆丁网. http://www.docin.com/p-631147584.html，有改动

思考题：

大堂副理在哪些方面较好地帮助客人解决了问题？

单元小结

　　本项目主要介绍了设置大堂副理职位的意义以及大堂副理的岗位职责、工作内容、应具备的素质。大堂副理作为饭店的管理人员，代表饭店与客人进行直接的、面对面的接触，负责向客人提供及时、周到的服务，并在必要的时候，调动饭店的所有资源以应对客人的紧急需要，具有十分重要的作用。

复习思考题

　　1. 简述大堂副理的工作职责。

　　2. 大堂副理的工作内容包括哪些方面？

　　3. 大堂副理应具备哪些素质？

课外实训

　　实训目的：通过实训，了解大堂副理的业务范围。

　　实训内容：大堂副理业务内容。

　　实训方式：上岗培训。

学习单元十
认识客房部

课前导读

对于饭店而言，客房部是必不可少的核心部门，满足客人住宿需求仍是现代饭店最基本、最重要的功能。为客人创造一个清洁、美观、舒适、安全的住宿环境，为客人提供多样化的客房服务，是客房部的重要职责和日常工作。不论从饭店的收入来看，还是从客房部在整个饭店运营中的影响力来看，客房部都占有非常重要的地位。

学习目标

知识目标：了解客房部的地位、作用和管理特点；熟悉客房部组织机构的设置和岗位职责，掌握客房部的员工素质要求和两种管理模式的运作。

能力目标：具备客房部员工应有的管理知识和业务水平。

学习任务一　客房部在饭店中的地位与作用

客房部又称房务部、管家部，是饭店向客人提供住宿服务的重要职能部门，它主要负责组织生产客房产品，为客人住宿提供优质服务，是维持饭店运转的一个主要部门。

一、客房部的地位

客房部在饭店整体运营中占有非常重要的地位，现代饭店服务功能的增加，都是在满足宾客住宿需要这一最根本、最重要的功能的基础上的延伸。客房部的重要地位主要体现在以下几个方面。

(一) 客房是饭店存在的基础

人们外出旅行，首先必须有地方住宿、休息，以消除疲劳、保持身体健康，这是旅游活动能够持续进行的基本条件。客房就是人们旅游投宿的物质承担者，是饭店的最基本设施，也是宾客在饭店唯一能封闭而独立使用的场所。饭店要向旅客提供生活需要的综合服务设施，它必须能向旅客提供住宿服务，而要住宿必须有客房，从这个意义上来说，有客房便能成为饭店，所以说客房是饭店存在的基础。

(二) 客房是组成饭店的主体

客房是饭店的主体，客房部所提供的住宿服务是饭店服务的一个重要组成部分。按客房和餐位的一般比例，在饭店建筑面积中，客房面积一般占饭店总面积的70%左右，如果加上客房产品营销活动所必需的前厅、洗衣房、库房等部门，总面积可达80%左右。饭店的固定资产，绝大部分也在客房，从饭店经营活动所必需的各种设备、物料用品来看，客房设施、设备及低值易耗品的价值量要占饭店各种物资设备总价值的绝大部分，所以说客房是饭店的主要组成部分。

(三) 客房收入是饭店经济收入的主要来源

饭店通过为客人提供住宿、饮食、邮电、娱乐以及交通、洗衣、购物等服务项目而取得经济收入。其中，客房租金收入通常占饭店营业收入的一半以上。从世界范围来看，我国饭店业发展还比较落后，经营项目单一，缺少综合服务，再加上我国经济发展水平不高，人们的生产水平和消费能力有限，饭店难以依靠当地居民提高餐饮收入。在这种情况下，客房收入在营业总收入中所占比例更高，大多超过60%，有的甚至超过80%。这反映了客房部在整个饭店经营中的重要地位。

(四) 客房服务质量是饭店服务质量的重要标志

如果宾客把饭店当作"家之外的家"，那么客人对客房更有"家"的感觉，因为客房是客人在饭店中逗留时间最长的地方。因此，客房的卫生是否清洁，服务人员的服务态度是否热情、周到，服务项目是否周全、丰富等，对客人有着直接影响，是客人衡量"价"与"值"是否相符的主要依据。所以客房服务质量是衡量整个饭店服务质量、维护饭店声誉的重要标志，也是饭店等级水平的重要标志。

(五) 客房是带动饭店一切经济活动的枢纽

饭店作为一种现代化食宿购物场所，只有在客房入住率高的情况下，饭店的一切设施才能发挥作用，饭店的一切组织机构才能运转，才能带动整个饭店的经营管理。例如，客人入住饭店客房后，要到前台办手续、交款；要到餐饮部用餐、宴请；要到商务中心进行商务活动；还要健身、购物、娱乐等，这些经济活动都是因为客人入住客房产生的。

(六) 客房部的管理直接影响全饭店的运营和管理

客房部的工作内容涉及整个饭店的角角落落，为其他各个部门的正常运转提供了良好的环境和物质条件。另外，客房部员工数量占据整个饭店员工总数量的比例很大，饭店从业人员的分配是以客房数量为标准的，一般每间客房配备1～2个人，并且客房管理系统需要的管理人员和服务人员要占整个饭店从业人员的40%左右。可见，客房部管理水平的提升会直接促进饭店员工整体素质的提高和服务质量的改善。

二、客房部的作用

销售客房和提供相关服务是客房部的核心任务，根据客房部的主要职能，客房部的功能和作用主要体现在以下几个方面。

(一) 生产客房商品

客房是饭店最重要的商品，客房部需要向顾客提供的客房商品主要有：房间、设备设施、用品和综合客房服务等。为了满足客人的入住需求，对于客房部所生产的客房商品的基本要求是：布置要高雅、美观，设施设备要完备、舒适、耐用，日用品要方便、安全，服务项目要全面、周到，客人财务和人身安全有保障。总之，要为客人提供清洁、美观、舒适、安全的入住空间。

(二) 做好清洁卫生工作，为饭店创造清洁、优雅、舒适、温馨的环境

随着旅游这种高级消费方式的逐步普及，人们的消费观念、消费需求也有了很大程度的改变。客人入住饭店，不仅需要休息的场所，更希望得到精神上的享受，而清洁、卫生则是客人对饭店最基本的要求，是保证客房服务质量和体现客房价值的重要方面。饭店所有客房及公共区域的清洁卫生工作都由客房部负责，饭店的良好气氛以及舒适、美观、清洁、优雅的入住环境，都要靠客房服务人员的辛勤劳动来创造。

(三) 协调与其他各部门之间的关系，保证饭店整体服务质量

被称为"客房控制指挥中心"的客房服务中心，针对入住客人的需要，有很多工作要与各部门的各个岗位进行沟通协调，如总台、工程部、餐饮部等，这样才能保证饭店的整体服务质量。所以，在日常工作中，客房部要经常主动地与各个部门做好沟通协调工作，使各部门了解客房服务过程中的各种需求，为客房服务质量，尤其是整体服务质量的提高创造良好的条件。

(四) 为饭店其他部门的良好运转提供必要服务

客房部作为饭店的核心部门之一，不仅要做好客房销售和服务工作，还要协助其他部门做好辅助服务。例如，客房部设有布件房和洗衣房，负责整个饭店各部门的布件(如窗帘、沙发套等)和员工制服的选购、洗涤、保管、发放、缝补熨烫等工作，要为饭店各部门提供洁净美观的棉织品，为饭店的对客服务提供保障。

三、客房部的管理特点

随着饭店业竞争的日益激烈，客人对客房商品的要求也越来越高，为了提高市场占有份额，饭店经营者开始越来越重视客房部的管理工作。客房部的特殊工作性质，使客房部的管理工作形成了自身的特点。

(一) 随机性及难以预测性

客房部所涉及的工作内容繁多，工作空间广泛，与客人的吃、住、行、游、购、娱中的各个环节都息息相关，在对客服务过程中具有很大的不可控性。在这种情况下，为了保证服务质量，客房管理除了按照传统的管理模式外，还需有自己的管理特色，即管理的随机性。客房的管理工作从客人入住饭店开始，到客人离开饭店为止，客人的需要是难以预料的，饭店的管理工作应该针对客人的不同特点、不同需要，提供不同的管理方式服务于不同的客人。

(二) 复杂性

客房部的工作范围广，涉及内容复杂，除了要保持客房的清洁、安全外，还要对整个饭店的环境卫生、装饰绿化、设备保养以及布件制服的洗涤、保管及设计等环节负责。客房部拥有的员工数量、管理的物质设备、开支成本也比饭店其他部门高，因此管理起来相当复杂。另外，客房的服务对象是来自世界各地的千差万别的客人，要使他们在入住的短暂时间内保持满意，管理工作的难度相当大。因此，客房管理是一件相当复杂的事情。

(三) 不易控制性

客房部管辖的人、财、物及工作岗位之多，在饭店位居首位。首先，大多数工作人员的工作环境具有相对独立性，不利于管理人员的监督检查；其次，客房物资用品皆为日常生活用品，如果管理不善，极易流失。所以，客房部加强对员工素质和自我管理的培训尤为重要。

学习任务二　客房部组织机构及岗位职责

客房是带动饭店一切经济活动的枢纽，为饭店的全方位发展提供基础服务，是饭店不可缺少的重要组成部分。为了确保客房部的正常运行，设置行之有效的组织机构是必不可少的。

一、客房部组织机构的设置原则

(一) 从实际出发

客房部组织机构的设置应该从饭店的规模、档次、设施设备、管理思想及服务项目等实际出发，以饭店管理系统及运行模式为基础，力求科学合理，适应饭店现代化经营管理的需要，而不能生搬硬套。例如，大型饭店可能有"客房部经理—主管—领班—服务员"四个层次，而小型饭店可能只有"经理—领班—服务员"三个层次。随着饭店业的发展，饭店各部门的组织机构应尽可能地减少管理层次，以提高沟通和管理效率，降低管理费用。

(二) 精简原则

随着管理理念的升华，组织机构设置的效率、效益意识不断增强，为了防止机构臃肿和人浮于事的现象产生，组织机构精简设置要遵循"因事设岗、因岗定人、因人定责"的原则。在防止机构重叠、臃肿的同时，还要处理好分工与合作、方便客人与便于管理等方面的矛盾，注意"机构精简"并不意味着机构的过分简单化，以致出现职能空缺的现象。

(三) 分工明确

客房部在设置组织机构时，应确保各层次与各岗位人员的职责不重复、不留空间地带、垂直领导，确保指挥体系及信息渠道的高效畅达。在明确各岗位人员工作任务的同时，应明确上下级隶属关系以及相关信息传达、反馈的渠道、途径和方法，防止出现职能空缺、业务衔接环节脱节等现象。

二、客房部组织机构设置

客房部组织机构的设置没有统一、固定的模式，各饭店应根据自身的规模和条件进行设计，并随着饭店业的发展及时做出调整。根据我国饭店业的发展规模，一般把客房部的组织机构分为大中型和小型两种类型。

(一) 大中型饭店客房部组织机构设置形式

在大型饭店中，客房部管辖的区域范围比较大，因此客房部组织机构设置(见图10-1)的规模较大，机构层次多、分工细致、职责分明。从组织机构设计的层次来看，客房部通常设置经理、主管、领班和普通职员四个层次，推行"谁主管，谁负责"的岗位责任制。

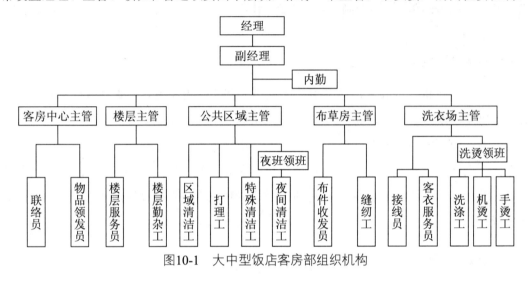

图10-1 大中型饭店客房部组织机构

(二) 小型饭店客房部组织机构设置形式

小型饭店客房部的组织与大型饭店相比，规模较小，组织机构设置(见图10-2)比较精简，一些小型饭店甚至不单设客房部，而是把客房部与前厅部合并为房务部。即便如此，只要能够做好部门内部和部门之间的分工与协作，仍然能够保证饭店的正常运营与管理。

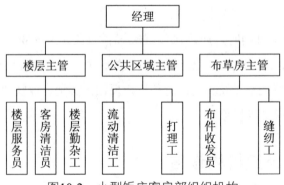

图10-2 小型饭店客房部组织机构

三、客房部岗位职责

(一) 客房部经理

[管理层次关系]

直接上级：饭店副总经理

直接下级：管家部经理、客房楼层主管

[岗位职责]

(1) 贯彻执行饭店副总经理的经营管理指令，向副总经理负责并报告工作。

(2) 根据饭店确定的经营方针和目标，负责编制客房部预算，制订各项业务计划，并有效组织实施与监控，以实现预期目标。

(3) 以市场为导向，研究并掌握市场的变化和发展情况，适时调整经营策略，努力创收，坚持以部门为成本中心的方针，严格控制成本，降低消耗，以最小的成本获取最大的经济效益。

(4) 主持部门工作例会，听取汇报，督促工作进度，解决工作中的问题。

(5) 负责客房部的安全管理工作，遵照"谁主管，谁负责"的安全责任制，督促本部门各管区落实各项安全管理制度，切实做好安全防范工作，确保一方平安。

(6) 负责客房部的日常质量管理，检查督促各管区严格按照工作规范和质量要求开展工作，实行规范作业，每日巡视本部门各管区一次以上，抽查各类客房十间以上。

(7) 负责本部门员工的服务宗旨教育和岗位业务培训，督促各管区有计划地抓好培训工作和开展"学先进，找差距"活动，提高全员业务素质。

(8) 沟通本部门与饭店其他部门的联系，配合协调地搞好工作。

(9) 建立良好的客户关系，广泛听取和搜集客人意见，处理投诉，不断改进工作。

(10) 审阅各管区每天的业务报表，密切注意客情，掌握重要接待任务情况，及时检查和督促各管区认真做好接待服务及迎送工作。

(11) 负责客房设施设备的使用管理工作，督促各管区做好日常的维护保养和清洁工作，定期进行考核检查；参与客房的改造和更新装修工作，研究和改进客房的设备设施。

(12) 考核各管区经理、主管的工作业绩，激励员工的积极性，不断提高管理效能。

(13) 做好政治思想教育工作，关心员工生活，抓好部门文明建设。

(二) 管家部经理

[管理层次关系]

直接上级：客房部经理

直接下级：公区区域主管、洗衣房主管

[岗位职责]

(1) 执行客房部经理的工作指令，负责管家部的管理和服务工作，向客房部经理负责并报告工作。

(2) 坚持预算管理和成本控制，有效地组织公共区域和洗衣部工作，严格控制成本费用。

(3) 主持本部门工作例会，督促工作进度，解决工作中的问题。

(4) 负责管家部的安全和日常的质量管理工作，检查和督促各管区严格按照工作规范和质量要求开展工作，实行规范作业。每日巡视本部门工作范围，及时发现问题，及时整改。

(5) 负责管家部员工的服务宗旨教育和岗位业务培训，督促各管区有计划地抓好培训工作。

(6) 加强与其他部门的联系，树立整体经营思想，互相沟通。

(7) 审阅各管区每天的业务报表，密切注意客情，掌握重要的接待任务情况，及时检查和督促各管区认真做好接待服务工作。

(8) 负责管家部设施设备的使用管理工作，督促各管区做好日常的维护保养和清洁工作，定期进行考核检查。

(9) 做好政治思想教育工作，关心员工生活，抓好部门文明建设。

(三) 公共区域主管

[管理层次关系]

直接上级：管家部经理

直接下级：公区保洁领班、公区保养领班

[岗位职责]

(1) 执行管家部经理指令，并向其负责和报告工作。

(2) 负责饭店公共区域的清洁及绿化工作的质量管理，组织员工严格按照工作规范和质量标准，做好饭店公共区域的清洁和绿化工作。

(3) 加强费用开支控制，负责管区内财产和物料用品的管理和领用，督导员工正确使用各种设备和节约物料用品。并做好维护保养和保管工作，发现设备故障及时报修或提出更新意见。

(4) 坚持服务现场的管理，负责对班组工作的考核、员工考勤和业务培训。

(5) 负责与各部门沟通，协调工作。

(6) 关心员工生活，了解员工思想状况，做好思想教育工作，抓好班组文明建设。

(四) 公区保洁领班

[管理层次关系]

直接上级：公共区域主管

直接下级：公区保洁员

[岗位职责]

(1) 执行主管的工作指令，并报告工作。

(2) 带领和督导班组员工，按照工作规范和质量标准，做好公共区域的清洁卫生，地毯、沙发的清洗，绿化布置，养护清洁。

(3) 负责清洁机械、绿化工具和保管、保养及物料用品的领用、发放。

(4) 了解公共区域中各种设备设施和家具的使用情况，及时报修和报告主管。

(5) 负责本班组员工的工作安排和考勤，以及对新员工的带教工作。

(6) 负责交接班工作，做好交接记录。

(7) 关心员工生活和思想状况，抓好文明班组建设。

(五) 公区保洁员

[管理层次关系]

直接上级：公区保洁领班

直接下级：无

[岗位职责]

(1) 服从领班的工作安排，按照工作规范和质量标准，做好责任区内的清洁卫生工作，并掌握花木的保养、培育和修剪技术。

(2) 检查责任区内各种设备设施和家具的完好情况，及时报告和报修。

(3) 做好清洁机械和清洁用品的保养和保管工作。

(4) 严格按照绿化工作规范和质量标准，做好花木的布置、养护和清洁工作。

(六) 公区保养领班

[管理层次关系]

直接上级：公共区域主管

直接下级：公区保养员

[岗位职责]

(1) 执行主管的工作指令，并向其汇报工作。

(2) 带领和督导班组员工，按照工作规范程序和质量标准做好公区内硬件设施设备的日常清洗、保养工作。

(3) 负责公区的清洗设备及保养工具的保管、维护保养，及物料用品的领用、发放。

(4) 了解公区内各种硬件设施设备及家具的使用情况，掌握其性能，及时按要求进行保养。

(5) 负责本班组员工的工作安排和考勤，以及对新员工的带领工作。

(6) 负责与各部门沟通协作。

(7) 负责交接班工作，做好交接及工作记录。

(8) 关心员工生活和思想状况，抓好先进班组建设。

(七) 公区保养员

[管理层次关系]

直接上级：公区保养领班

直接下级：无

[岗位职责]

(1) 服从领班的工作安排，按照工作规范和质量标准，做好各项保养维护工作。

(2) 检查责任区内各种设施设备的完好情况，及时报告和报修。

(3) 做好清洁机械和清洁用品的保养和保管工作。

(4) 按照保养规范和质量标准做好各项设施设备的维护保养工作。

(八) 洗衣房主管

[管理层次关系]

直接上级：管家部经理

直接下级：干水洗熨烫工、布草保管员等

[岗位职责]

(1) 执行管家部经理的工作指令，并向其负责和报告工作。

(2) 督导员工做好各类布草和工作服的质量检查和收调保管工作，防止短缺和不符合质量要求的布草和工作服流入使用部门。

(3) 加强成本费用控制，掌握各类布草和工作服的使用、损耗情况，及时提出更新、报废和添置计划，防止调换使用脱档。

(4) 督导洗涤组员工严格按照洗涤、熨烫工作流程，做好各类布草、客衣及工作服的洗涤熨烫工作，确保质量标准。

(5) 负责洗衣房财产和设备的使用管理，督导员工做好日常的维护保养和清洁卫生工作，做到账物相符。

(6) 坚持服务现场的管理，负责对各班组日常工作的考核、员工考勤和业务培训。

(7) 负责员工的工作安排、考勤和对新员工的带教工作。

(8) 负责与各使用部门沟通，协调工作。

(9) 搞好消防保卫工作，确保员工人身和饭店财产安全。

(10) 了解和掌握员工思想状况，做好思想工作，搞好各管区文明建设。

(11) 处理客人各类投诉，满足客人需求和回答客人咨询。

(九) 干水洗熨烫工

[管理层次关系]

直接上级：洗衣房领班

直接下级：无

[岗位职责]

(1) 服从洗衣房领班的工作安排。

(2) 按照洗熨工作规范和质量标准，保质保量地完成各种布草、工作服及客衣的洗涤、洗熨工作。

(3) 做好各类机器设备的日常检查和维护保养工作，节约使用各种物料用品。

(4) 做好工作场所的清洁卫生和安全工作。

(十) 布草保管员

[管理层次关系]

直接上级：洗衣房领班

直接下级：无

[岗位职责]

(1) 服从洗衣房领班的工作安排，做好布草的质量检查、贮存保管和收调工作。

(2) 认真检查和验收布草洗烫的质量，收调和检验废旧的布草，对不符合质量要求的布草提出处理意见和建议。

(3) 确保贮存保管的布草账物相符，收领、发放布草手续完备，登记清楚。

(4) 负责收调的各类布草的分类清点和计数登记工作，应做到手续完备、准确无误。

(5) 保持布草房的整洁，做好清洁卫生和财产设备的保养工作。

(十一) 工服房服务员

[管理层次关系]

直接上级：洗衣房领班

直接下级：无

[岗位职责]

(1) 服从洗衣房领班的工作指令，做好工作服的质量检查、贮存保管、收发和缝补工作及改制各类报废的布草。

(2) 认真检查和验收洗净的工作服，检验废旧的工作服，对不符合质量要求的工作服提出处理意见。

(3) 认真做好收领、发放工作服的分类、清点和计数登记工作，应做到手续完备、准确无误。

(4) 确保贮存保管的工作服账物相符。

(5) 保持工服房的整洁，做好清洁卫生和财产设备的保养工作。

(十二) 客衣收发员兼文员

[管理层次关系]

直接上级：洗衣房领班

直接下级：无

[岗位职责]

(1) 服从洗衣房领班的工作安排，准确、及时地收取和送回客衣。

(2) 认真收验客衣，核对件数、房号及洗涤要求，检查客衣中是否有遗留物品，并做好记录及签收。

(3) 负责客衣洗熨后的质量检验，并把符合质量要求的客衣按送衣程序送到房间，认真做好登记。

(4) 负责送洗衣账单到前台收银处。

(5) 做好客衣洗涤记录、客人洗衣账目的入账和生产记录的整理和统计工作。

(6) 负责洗衣房的财产设备管理，建立明细账，定期清点检查，协助洗衣房领班控制成本费用。

(7) 接听电话，传达信息，做好记录，保持办公室的干净和整洁。

(8) 做好每月总结和员工出勤记录，领取办公用具。

(9) 保存各种记录，安排零用现金的报销。

(10) 认真做好其他交办工作。

(十三) 客房楼层主管

[管理层次关系]

直接上级：客房部经理

直接下级：客房楼层领班、客房中心文员、库房保管员

[岗位职责]

(1) 执行客房部经理的工作指令，向其负责和报告工作。

(2) 了解当天住客情况，掌握当天客房情况，监督楼层与前台的联系和协调，确保房间正常、及时地出租。

(3) 合理安排人力，组织和指挥员工严格按照工作规范和质量要求做好客人迎送和服务以及客房和环境的清洁卫生工作。

(4) 认真做好员工的服务宗旨教育和岗位业务培训，保证优质规范的服务。

(5) 坚持服务现场的督导和管理，每天巡视楼层，检查管区内30%的住客房和OK房，督导领班、服务员的工作情况，发现问题及时指导和纠正。

(6) 计划、组织、控制每周的卫生清洁工作。

(7) 负责处理客人的遗留物品。

(8) 处理客人的特殊要求及投诉。

(9) 主持每天的例会和组织员工全会，并做好记录。

(10) 负责管区的成本费用控制，督导和检查库房保管员做好财产物料的管理，建立财产三级账，定期检查部门财产物料的领用、调拨、转移等情况，做到日清日盘，账物相符。

(11) 教育和督导员工做好维护保养和报修工作，定期安排设备维修、用品添置和更新改造计划。

(12) 负责客房服务中心的日常管理工作，组织指挥员工，严格按照服务工作规范和质量标准，做好客房服务中心的各项工作，认真查阅每天的各种业务报表和工作记录。

(13) 坚持现场督导和管理，保证客房服务中心24小时电话接听和监控值台的服务质量，发现问题及时指导和纠正。

(14) 做好与其他部门的沟通协调工作。

(15) 负责落实部门安全管理制度，确保安全。

(16) 了解员工思想状况，做好思想工作。

(十四) 库房保管员

[管理层次关系]

直接上级：客房楼层主管

直接下级：无

[岗位职责]

(1) 服从客房主管的工作安排。

(2) 具体负责本部门财产物料的管理工作。

(3) 掌握本部门固定财产的分类及使用情况，并按分级管理的要求，做好各类财产的清点、登账、立卡、更新、添置、转移、出借等工作，编制三级账，做到有账有物，账物相符。

(4) 熟悉各种客用品和客房小酒吧酒水的名称规格和质量标准，做好领用、发放、登记、保管和耗用报账工作，按时汇总分析、盘点，并报客房主管审阅。

(5) 掌握VIP和行政楼客人的抵离情况，协助楼层服务员，按客房布置要求，及时做好各类礼品和物品的发放、登记和耗用回收工作。

(6) 熟悉本部门各种工作用具和办公用品的使用情况，做好领用、发放、登记、保管工作，按时统计汇总分析，防止浪费，并做到账物相符。

(7) 保持备用物料用品货架、橱柜的整洁、安全，防止霉变虫害。

(8) 负责领用物品的搬运工作。

(十五) 客房中心文员

[管理层次关系]

直接上级：客房楼层主管

直接下级：无

[岗位职责]

(1) 服从客房主管的工作安排。

(2) 负责掌握房态，每天定时编发房态表，并通知客房楼层。

(3) 负责接听客人电话和掌握客情信息，根据需要及时通知服务员和有关部门提供服务，并做好记录。

(4) 做好信息收集和资料积累工作，准确回答客人问讯，主动做好对客服务工作。

(5) 负责客房所有钥匙的管理和收发工作。

(6) 负责捡拾物品和遗留物品的登记、存放和处理。

(7) 负责整个饭店鲜花的预订和鲜花质量把关工作。

(8) 负责部门考勤和餐卡统计工作，领发员工工资、奖金、补贴。

(9) 负责每日楼层人员的统筹安排及休班。

(10) 负责对客药品的出售。

(11) 负责对讲机、值台电话的管理。

(12) 掌握VIP和行政客人的抵离情况，并按客房布置要求通知楼层做好各类礼品和物品的配备工作。

(13) 做好工作室的日常清洁工作，保持干净整洁。

(十六) 客房楼层领班

[管理层次关系]

直接上级：客房楼层主管

直接下级：中班、夜班服务员等

[岗位职责]

(1) 执行上级领导的工作指令并报告工作。

(2) 负责自己管区内的每日工作的安排，保证岗位有人有服务。

(3) 负责检查本班组员工的仪容仪表及工作表现。

(4) 负责检查本楼面客房、公共区域卫生及安全情况。

(5) 坚持让客人完全满意的服务宗旨，督导和带领员工按客房服务规范和质量标准做好服务工作。

(6) 做好对新员工的带教工作，使之尽快适应工作要求。

(7) 负责本楼层的设施设备的维修保养和财产的保管。

(8) 加强成本费用控制，做好物料用品的管理领用和发放。

(9) 负责本楼层房间酒水的消费统计、领取、发放与配置。

(10) 做好交接记录。

(11) 关心员工生活和思想状况，抓好班组文明建设。

(十七) 客房清洁员

[管理层次关系]

直接上级：客房楼层领班

直接下级：无

[岗位职责]

(1) 服从领班的工作安排。

(2) 按照客房清洁流程和质量标准，做好客房和责任区内日常清洁及计划清洁工作。

(3) 保持楼层责任区域内环境通道和工作间的干净整洁。

(4) 负责退客房的检查和报账工作。

(5) 协助领班做好VIP房和有特殊要求房的布置。

(6) 协助洗衣房做好客衣的分送工作。

(7) 按照规格要求布置客房，检查房内各类家具和设备的完好情况，及时报告和报修。

(8) 负责及时上报，处理突发事故。

(9) 做好当班工作记录和交接班工作。

学习任务三 客房部员工素质要求

饭店能否为宾客提供高水平的客房服务，在很大程度上取决于饭店服务人员的素质高低和服务能力高低。客房部员工应具备的素质包括以下几方面。

(一) 品行端正，为人诚实，具有较高的自觉性

客房部的工作有许多是服务员个人独立运作的，如果服务员思想意识不健康，追求物欲，经不住考验，是不可能做好客房部服务工作的。服务人员在打扫房间卫生时，大多客人都不在房间内，这就要求服务员有高度的自觉性，不翻阅客人的书报、信件、文件等材料；不随意乱翻客人使用的衣橱、抽屉；更不能出于好奇试穿客人的衣物、鞋帽等；不可以在客人房间看电视、听广播；不可用客房的卫生间洗澡；不可拿取客人的食物品尝等。这些都是做好服务工作的基本常识，也是客房部做好工作必须遵守的纪律。因此，要求客房服务人员必须有较高的品行修养，心地坦诚、遵纪守法、原则性强。

(二) 责任心强，工作踏实，善于合作

客房部的工作与其他部门有所不同，它的劳动强度大，与客人直接打交道的时候少，这就需要客房服务人员有踏踏实实和吃苦耐劳的精神，在日常工作中能够具有良好的心理素质，不盲目攀比，以高度的责任感从事自己的工作。

(三) 具有较强的动手能力，身体素质好，工作效率高

客房服务工作相对较为繁杂，体力消耗大，客人要求标准较高，一位清洁员每天要打扫很多间客房，因此，服务员操作动作敏捷，具有充沛的精力及较强的动手能力是十分重要的。客人对客房的要求是舒适、整洁、安全，这是客人对客房最基本的要求，也是客人最爱挑剔、最为讲究的方面。这就要求员工有吃苦和敬业精神，保证服务态度、服务技能、服务方式、服务工作效率的高标准，从而保证客人满意和饭店的正常运转。

(四) 良好的仪表、仪容

饭店的每一位服务人员都是饭店的代表，因而，客房部服务人员的仪表、仪容、礼节都直接影响着饭店的形象，关系整个饭店的服务质量。客房部服务人员要养成良好的行为举止习惯，着装整洁。在言谈举止上，应做到用语规范，声调柔和，语气亲切，表达得体，站立挺直、不倚不靠，动作自然优美、符合规范；在工作作风上，应做到端庄朴实、谦虚谨慎、勤奋好学；在服务态度上，应做到一视同仁、不卑不亢、待人热情、分寸适度、表情自然诚恳、精力充沛。容貌端庄、服装整洁、举止大方有礼的工作人员会给人以热情好客、训练有素、可以信赖的感觉。良好的仪表、仪容代表了工作人员对饭店和客房工作的热爱、对宾客的尊重，反映了饭店高品质的服务水准和追求卓越的企业精神。

(五) 具备基本的业务素质

饭店客房服务人员应具备的基本业务素质包括较好的语言表达能力、一定的文化知识和社会知识、娴熟的服务技能技巧以及较强的应变能力和观察能力。

客房员工应具备的语言表达能力主要表现在两个方面：一方面是能够用宾客使用的语言与宾客交流。尤其应具有良好的汉语表达能力和理解能力，普通话发音准确、嗓音甜美动听。由于饭店的宾客来自世界各地，服务人员必须熟练地掌握一门以上的外语，特别是口语方面要达到能进行日常交流的水平。在一些沿海地区的饭店，由于需要接待许多港澳同胞和海外华侨，服务人员还应学会讲广东话、闽南话等方言。员工是否能够用宾客使用的语言接待宾客，不仅影响服务质量，而且会影响饭店的客源。另一方面是讲究语言的艺

术性。语言是人际关系的润滑剂，员工在与宾客进行语言交流的过程中，如果不讲究语言艺术，会在不知不觉中得罪宾客，甚至"刺伤"宾客，更谈不上使宾客满意。

客房部员工应具备的基本服务技能包括：掌握客房专业英语词汇的听说写；掌握各类客房清洁的程序、标准和要领；熟悉客房接待服务的环节和项目内容；掌握宾客入住阶段主要服务项目的服务方法；熟练掌握客房中、西式包床的程序、方法和动作要领，能在规定时间内按标准完成；掌握VIP客人的接待程序和标准；掌握地面清洁与维护保养方法；能够灵活而有效地应对和处理客房突发事件；掌握客房设备用品的使用、维护和控制管理方法等。

此外，机智灵活、有较强的应变能力，也是客房服务人员所应具备的一种业务素质。客房服务员每天的服务对象是各种各样的人，也会接触到各种各样的事，甚至会碰到许多意外的事，都必须予以妥善处理。因此，要求服务人员必须具有机智灵活的处理能力，有较强的应变能力，能有针对性地提供服务，处理好特殊事件。

学习任务四 客房部两种管理模式

各饭店由于受人力、物力、财力等各方面因素的制约，在经营过程中采取了不同的服务模式，最为常见的客房服务模式是楼层服务台和客房服务中心。这两种对客服务模式各有其优点，在人员岗位设置和人员配备上也有较大区别，因而各饭店应根据自身的条件和特点，选择适宜的服务模式和组织机构形式。

一、楼层服务台模式

饭店在客房区域内，在靠近电梯口或楼梯口的位置设置在各楼层为住客提供服务的服务台即为楼层服务台。楼层服务台一天24小时都会有服务员值班，为住客提供服务。从某种意义上来说，它就相当于饭店前厅驻各楼层的办事机构。从整个饭店的宏观管理上来看，楼层服务台成为饭店其他部门与客房之间相互沟通的桥梁。

(一) 楼层服务台的主要职能

无论是何种类型的饭店，楼层服务台基本上都具备如下职能：楼层服务台为本楼层的住客提供日常服务，如开房、客房清扫、访客登记、钥匙保管与发放等；楼层服务台是客房部与饭店其他部门的联络中心，如工程部的客房维修与保养、采购部的物品采购与配给、餐饮部的客房送餐等；楼层服务台是本楼层的安全管理机构，楼层服务台安排服务人员24小时值班，可以大大降低饭店发生安全事故的概率；此外，楼层服务台还是楼层信息的传达中心。

(二) 楼层服务台的主要特点

1. 优点

由于楼层服务台有服务员值班，大大加强了客房部与住店客人之间的交流，能够为客人提供较好的、面对面的、有针对性的服务；楼层服务台为顾客提供热情、周到的服务，有利于增加饭店为客人提供服务的"人情味"，进而减少客人投诉的产生；同时，楼层服务台的设置有利于饭店楼层的安全保卫工作的开展；此外，楼层服务台的设置也有利于饭店客房部及时、准确地了解饭店客房的房态及运营情况，为前厅管理工作提供及时、准确的信息参照。

2. 缺点

随着饭店业的发展，客房楼层服务台模式正慢慢被现代高星级饭店所淘汰，究其主要原因，楼层服务台存在一定的缺陷，主要有：楼层服务台三班倒，投入的人力较多；每层都有楼层服务台，会占用空间，减少客房营业面积，也不利于饭店客房统一管理；楼层服务台一般设置在楼层走廊较为显眼的位置，这会使客人感到不自由，有受监视的感觉，客人隐私得不到有效保障；此外，楼层服务台的设置，在有客人入住、退房或为客人提供其他服务时，会使楼层环境、气氛变得很杂乱，影响楼层安静，使客人心生反感。

二、客房服务中心

为了使客房服务以"暗"服务为主，满足客人追求安静的心理需求，客房服务中心的服务模式已成为现代饭店客房管理的主导模式，是饭店客房管理的神经中枢。客房服务中心不设楼层服务台，由行李员引领客人进入房间，客人有任何需求可以通过电话与服务中心沟通而得以实现。

(一) 客房服务中心的主要职能

客房服务中心一般设置在饭店员工更衣室与员工电梯之间的隐蔽处，主要通过电话的形式为饭店的住客提供周到的服务。

客房服务中心的主要职能是对饭店客房进行统一化、综合化和全面化的管理。一般情况下，凡是与饭店客房部有关的工作信息，都会在第一时间传达到客房服务中心，然后经过客房服务中心的工作人员的初步处理再具体传达给其他工作人员，这种方式可以提高工作效率。客房服务中心的工作人员要时刻关注房态，做好各类物品的登记与发放，制作住房报表，及时处理客人要求，安排清扫工作等。

(二) 客房服务中心的主要特点

1. 优点

客房服务中心的模式大大减少了人员的编制，节省了人力，降低了成本开支；保证了客房楼层区域内的安静，为客人提供了一个较为安静和私密的空间；有助于对客房服务人员的调度与控制；保证了客房管理信息的畅通，有助于加强对客房整体运作效果的把握。

2. 缺点

客房服务中心的缺陷主要表现在对设施设备和人力资源的要求方面。首先，在设施设备方面，由于客房服务中心仅在饭店某个楼层开设，同时又要求其运力较强，因此对客房服务中心的硬件设施提出了较高的要求。其次，在人力资源的要求方面，客房服务中心的管理模式需要训练有素的员工队伍来支持，一旦配合得不好，会影响整体功能的发挥；再次，客房服务中心不提供面对面的对客服务，使服务不具有直接性，缺乏人情味，致使客人对客房服务员的信赖度下降；最后，由于通过电话来进行呼叫，导致服务员往往不能够主动发现客人的需求并及时提供服务。

由此可见，高星级饭店在客房服务模式的选择上可以重点考虑客房服务中心的模式，或者是"客房服务中心"加"楼层服务台"的服务模式；中低档次的星级饭店在客房服务模式的选择上可以重点考虑楼层服务台的服务模式，以此来提高对客服务效率，弥补硬件设施的不足；而一般小型的商务饭店则可以采取前台直管的客房服务模式，以提高人力资本的使用效率。但无论如何，任何类型的饭店在选择客房服务模式时，都应该重点考虑饭店本身的客源结构和档次，同时也要考虑当地劳动力成本的高低以及当地社会治安环境的好坏等因素。

典型案例

有位客人来自我国台湾，入住江南某市一家宾馆。行李员帮他把行李送进客房刚刚退出，服务员便提着一瓶开水走进房间，面带微笑把暖瓶轻轻放到茶几上，并主动询问客人："先生，您有什么事需要我做吗？"客人说："小姐，请给我一条毛巾。""好的。"服务员马上出去，一会儿便用托盘端着一条干净的毛巾来到客人面前，用夹子夹住毛巾，送给客人说："先生，请用。"没想到客人却很不高兴，责备道："我不要旧的，我要没有用过的新毛巾！"服务员一愣，随即对客人表示："对不起，我给您拿错了。"说完便出去换了一条新毛巾来，客人这才满意。

过一会儿，这位客人又要求服务员为他泡一杯茶，服务员很快就拿了几包茶叶进来给客人泡茶，没想到客人大为不满地抱怨："我不要这种绿茶，我要喝浓一点的红茶！"这时服务员心里很委屈，但丝毫没有流露，再次向客人道歉说："对不起，我又给您拿错了。"接着又去换了包红茶送给客人。这时，客人很受感动，他发觉自己刚才两次对服务员的要求有些过分，不由连声向服务员致谢，脸上露出愧疚的神色。

资料来源：豆丁网. http://www.docin.com/p-84909896.html，有改动

思考题：

请结合客房部服务员的素质要求，对以上服务员的服务工作做出点评。

单元小结

客房部是饭店核心部门之一，在饭店整体运营中占有非常重要的地位，现代饭店服务产品的创新，都是在满足宾客住宿需要这一最根本、最重要的功能的基础上的延伸。本章的要点有：客房部的地位，客房部的作用，客房部的管理特点，客房组织机构设置的原则，客房部组织机构的设置和岗位职责，客房部员工的素质要求以及客房服务中心和楼层服务台两种管理模式的适用情况等。

复习思考题

1. 简述客房部在饭店中的地位与作用。
2. 简述客房部组织机构模式及岗位职责。
3. 客房部的管理模式包括哪两种？

课外实训

实训目的：通过实训，了解客房部的岗位及职责。

实训内容：客房部员工岗位职责。

实训方式：上岗培训。

客房清洁整理

清洁整理工作是客房部的一项主要任务。同时，它也是饭店开展一切工作的基础和前提，直接影响着饭店的形象、气氛乃至经济效益。

客房是客人用于休息、睡眠的场所。客人对客房的整洁状况要求很高。客人选择饭店所考虑的诸多要素中，清洁卫生是第一位的。因此，客房服务员的一项重要任务就是清扫、整理客房。

客房的清洁整理又称"做房"。它包括三个方面的内容：清洁、整理客房；更换、填补物品；检查、保养设施设备。

本学习单元主要介绍饭店客房的类型；饭店客房清洁的内容与方法及准备工作；走客房与空房的清扫程序；房间小整理及做夜床的方法；中西式铺床方法；公共区域的卫生清洁整理内容与程序。

知识目标：通过本单元的学习，了解饭店客房的类型；了解客房清洁整理的方法；熟悉走客房、空房的清洁整理方法；熟悉房间小整理及做夜床的方法；掌握中西式铺床的方法；掌握客房清洁整理服务所需要的技能和技巧。

能力目标：通过本单元的学习，能够熟练掌握客房清洁整理服务所需要的技能和技巧。

学习任务一 ▶ 客房类型

一、按照单位客房的房间数量分类

(一) 单间客房

(1) 单人间。客房中配备一张单人床，适合商务旅行的单身客人居住。

(2) 大床间。客房中配备一张双人床，适合商务旅行的单身客人和夫妇旅行者居住。

(3) 双床间。客房中配备两张单人床，也称"双人间"，适合团队和会议客人居住。

(4) 三人间。客房中配备三张单人床，适合经济型客人居住。

(二) 套房

(1) 普通套房。一般是连通的两个房间。一间做卧室，配有一张大床或两张单人床，并附有卫生间；另一间做起居室，设有盥洗室，但一般不设浴缸。

(2) 豪华套房。设备用品较普通套房豪华。可以是两套间，也可以是三至五套间。除卧室、起居室外，还有餐室、会议室、书房等。卧室配备大号双人床或特大号双人床。

(3) 总统套房。设备用品富丽豪华。一般由五间以上套间组成，多者达二十多间，作为男主人房、女主人房、书房、餐室、会议室、娱乐室、警卫室、厨房等。一般四星级以上饭店拥有总统套房。

(4) 立体套房。它是指跨两个楼层的套间。一般是卧室在楼上，起居室在楼下，两者由上下楼梯连接。

二、按照客房的位置和朝向分类

(一) 外景房

外景房是窗户朝向青山、湖泊、公园、商业街等外景的房间。

(二) 内景房

内景房是窗户朝向饭店内庭院的客房。

(三) 角房

角房是位于走廊过道尽头的客房。

(四) 连通房

连通房是隔墙有门连接的客房。

(五) 相邻房

相邻房是室外两门毗邻而室内无门相通的客房。

三、按照客房的特殊功能分类

(一) 行政楼层房

行政楼层房是在整个楼层为大集团或大公司的高级商务客人提供的套房，办公室中配有优良齐全的办公设备和优质的服务。

(二) 无烟楼层房

无烟楼层房是专门为不吸烟的客人提供的客房。房内有明显的禁烟标志，房内无吸烟设施和用品。

(三) 女士客房

女士客房是专为女士提供的客房，客房的布置和设施用品都独具女性特色。

(四) 残疾人房

残疾人房是专为残疾人提供的无障碍客房。房间里的设施设备和用品都从残疾人的需要和特点出发而布置和设置，以方便残疾客人生活和出入。

学习任务二 清洁整理前的准备工作

清洁整理前的准备工作主要包括以下三步。

1. 了解房态，决定清洁整理顺序与方法

为提高客房利用率和服务质量，客房服务员应根据房间的不同状态，严格按照清洁整理的程序和方法进行，使之达到饭店规定的质量标准。

客房清洁整理应根据客房的不同状况，按一定的先后次序进行。一般而言：淡季时的清扫顺序为挂"请速打扫"牌房间、VIP房间、住客房、走客房、空房；旺季时的清扫顺序为可调整为空房的房间、走客房、挂"请速打扫"牌房间、VIP房间、住客房。

客房的清洁整理方法有以下几种。

(1) 从上到下。擦拭墙壁、窗户和物品时，应采取从上到下的方法进行。

(2) 从里到外。进行地毯吸尘和房间清扫时，应采取从里到外的方法。

(3) 环形整理。在擦拭和检查卫生间及卧室的设备用品时，应按照从左到右或从右到左，即按顺时针或逆时针顺序进行，以避免遗留死角和节省体力。

(4) 干湿分开。擦拭不同的家具设备及物品的抹布，应严格区分使用。例如，房间的灯具、电视机屏幕、床头板等只能使用干抹布，以避免污染墙纸和发生危险。

2. 准备工作车和清洁工具

工作车是客房服务员整理、清扫房间的主要工具，是否准备妥当直接影响清扫的效率。一般可在每一班次结束前做好准备工作，但在每班工作前应做一次检查。

准备工作的基本内容为：将车擦拭干净，将干净的垃圾袋和布草袋挂在挂钩上，再把棉织品、水杯、烟缸、文具用品及其他各种客用消耗品备好，摆放整齐；备齐各种清洁剂、干湿抹布、刷子、清洁手套等清洁工具；检查清扫工具是否齐全，吸尘器的各部件是否严密，有无漏电现象，检查蓄尘袋的灰尘是否倒掉。

3. 听取领班指令，签领工作钥匙和楼层客房清扫报告单

由领班到客房服务中心统一签领所管楼层的工作钥匙，然后楼层服务员到领班处签领钥匙，下班时交还给客房服务中心。

学习任务三 客房清洁整理程序

下面，我们以走客房、住客房为例，对客房清洁整理程序进行说明。

一、清洁整理程序

(1) 敲门。站在距门30厘米处，一次敲3下，每次间隔2～3秒，并通报"客房服务员"。

(2) 等候。正视门镜，静候门内反应。若听到客人回应，应报"客房服务员"，询问客人是否可以打扫房间；若门内无反应，敲门3次后才可用钥匙开门。

(3) 开锁。将钥匙插入门锁，开门。

(4) 开门。将门打开一半，再次通报自己身份，观察情况。不可一次就将门大开。

(5) 开电源总开关。将卡插入继电器取电。

(6) 停放工作车。用工作车挡住房门，防止闲杂人员进入。

(7) 撤房间垃圾。将室内的垃圾取出，倒入蓄尘袋。

(8) 撤床上用品。将床上用品一件一件撤掉，仔细检查是否夹有客人物品。

(9) 撤杯具、烟灰缸。把客人用过的杯具和烟灰缸洗净撤出，放于工作车上。

(10) 带入干净床单铺床。将干净的床上用品带入房间，按要求进行中式或西式铺床。

(11) 环形抹擦房间。按"门—衣柜—行李柜—桌前镜—梳妆台(写字台)—梳妆凳—电视机—小冰箱茶几—圈椅—托盘—床—床头柜—挂画—床头灯—空调调节板"的顺序进行擦拭。

(12) 清洁卫生间。刷洗脸盆、刷洗浴缸、刷洗便器，并进行抹尘、消毒。

(13) 补充房间用品。将卧房和卫生间所需的物品，按数量和规格要求补充齐全。

(14) 吸尘。用吸尘器从里到外吸净房内尘土。

(15) 自查。房间清洁整理后，进行自我检查，如发现不妥之处，应及时修正。

(16) 记录。检查无误后，取卡断电，锁好房门，填写工作报表。

二、清洁整理注意事项

(1) 敲门时，声音大小适量，不可过急、过大，不能从门缝向里窥视，若客人在房间，应征得客人同意。

(2) 整理房间时，要开着门。一是方便取物；二是防止杂人顺手牵羊；三是随时接受监督；四是顾及楼层安全；五是不使客人回房时受到惊吓。

(3) 不得在房内吸烟、吃东西、看报刊等(尤其是不要乱动客人的东西)。

(4) 不得使用客房内设施。

(5) 不许躺或坐在床上休息。

(6) 清理卫生间时，应专备一块脚垫，以防将水带入卧室，弄湿地毯。

(7) 抹布应分开使用(干湿分开，擦不同物品使用不同抹布)

(8) 做好房间检查。

(9) 不能随便处理房内垃圾。

(10) 浴帘要通风透气。

(11) 电镀部分要完全抹干。

(12) 不得将撤换下来的脏布草当抹布使用。

学习任务四　中西式铺床

一、中式铺床

中式铺床包括以下几个步骤。

(1) 将床拉离床头板，使床离床头板约60厘米远。

(2) 清理床垫。整理床垫和褥垫，使其规整无杂物。

(3) 铺床单。站在床尾中间，两手打开床单，床单正面朝上；手握床单头，右手平甩另一床单头至床尾并抖开床单；双手正握床单的2/5和4/5处，离床垫70厘米高度时，双臂均匀用力，向前方振出床单以气浪和甩力使床单平铺，床单中线对齐床中央；双手下压轻拉床单，使两头留边相等。

(4) 包边角。将床单四边四角包入床垫下，四角呈90度，要求四角角度一致。

(5) 套枕套。抓住枕套开口两边，用力抖动，使之充气、松涨；右手抓住枕芯两前端，以两角为主，左手张开枕套口，将枕芯套入；双手抓住枕套口，用力往下抖，使枕芯完全装入；将枕套封口，包住枕芯，开口向下；将枕头放于床头，齐边，枕套口的放置方向与床头柜的方向相反，枕套中线与床单中线重合，枕头饱满、平整。

(6) 套被罩。将干净的被罩套在羽绒被上，要求四角饱满；将套好被罩的羽绒被铺在床上；将羽绒被头反折30厘米作为被头，整理平整。

(7) 床恢复原位。将拉出的床推回原位。

二、西式铺床

西式铺床包括以下几个步骤。

(1) 将床拉离床头板，使床离床头板约60厘米远。

(2) 清理床垫。整理床垫和褥垫，使其规整无杂物。

(3) 铺第一张床单。站在床尾中间，两手打开床单，床单正面朝上；手握床单头，右手平甩另一床单头至床尾并抖开床单；双手正握床单的2/5和4/5处，离床垫70厘米高度时，双臂均匀用力，向前方振出床单以气浪和甩力使床单平铺，床单中线对齐床中央；双手下压轻拉床单，使两头留边相等。

(4) 包边角。将床单四边四角包入床垫下，四角呈90度，要求四角角度一致。

(5) 铺第二张床单。铺第二张床单的方法与铺第一张床单的方法相同，只是第二张床单要反面向上，与第一张床单中线重叠，并多出床头20厘米。

(6) 铺毛毯。站在床尾，双手握住毛毯甩开一次到位，使其头部与床头卡齐，中线与床单重合，毛毯商标在右下方。

(7) 包边角。在床头处，将二单(指第二张床单，第一张床单统称"一单"，第二张床单统称"二单")反折于毛毯之上，再将二单与毛毯一起反折30厘米，一起包进床垫下。在床尾处，将二单与毛毯一起四边四角包入床垫下，四角呈90度，要求四角角度一致。

(8) 套枕套。抓住枕套开口两边，用力抖动，使之充气、松涨；右手抓住枕芯两前端，以两角为主，左手张开枕套口，将枕芯套入；双手抓住枕套口，用力往下抖，使枕芯完全装入；将枕套封口，包住枕芯，开口向下；将枕头放于床头，齐边，枕套口的放置方向与床头柜的方向相反，枕套中线与床单中线重合，枕头饱满、平整。

(9) 铺床罩。将床罩盖在床上，使床罩尾部边线与床尾边线重合，两边边线与床重合；床罩头部盖在枕头上面，齐于枕头，并将床罩剩余部分折于两个枕头中间和底部，形成"双枕线"；拉平床罩各处，使其平整美观。

(10) 床恢复原位。将拉出的床推回原位。

学习任务五 做夜床

做夜床，又叫晚间服务或寝前整理，一般高星级饭店提供此类服务。做夜床的目的是方便客人休息，同时也体现了客房服务的档次与规格。

一、做夜床的服务时间

做夜床的最佳服务时间是在客人晚上外出用餐时，这样可避免打扰客人。

二、做夜床的服务内容

(一) 房间整理

(1) 把用过的水杯用具等撤除并予以补充。

(2) 倒掉烟灰缸内的烟灰及房内垃圾。

(3) 将客人衣物整理好。

(4) 将房间柜面的污渍、水渍等抹干净。

(5) 将家具、物品摆回原位。

(二) 开床

(1) 掀开床罩，折好放在规定的位置上。

(2) 将靠近床头一边的毛毯连同衬单向外折成45度角，将其余部分压入床垫下。

(3) 将枕头整理饱满放在床头中间。

(4) 将睡衣、晚安卡、小礼品、早餐牌等放在枕头上。

(5) 打开夜灯、床头灯，关掉其他灯具。

(三) 卫生间整理

(1) 冲抽水马桶。

(2) 用过的"三缸"用抹布抹干净，遇到较脏的部位应重新擦洗。

(3) 更换客人用过的"四巾"、杯具，补充物品。

(4) 清倒垃圾，抹干地面，放好脚垫巾。

(5) 将浴帘底部放入缸内，并拉出1/3。

(6) 关灯，将卫生间的门半掩。

(7) 退出房间，并填写晚间服务记录。

三、做夜床的服务注意事项

(1) 如遇客人在房间，应征询客人意见。

(2) 若客人不同意，在报表上记录。

(3) 挂有请勿打扰(DND)牌的，可从门下塞进一个"夜床服务卡"，待客人提出要求时再做。

学习任务六 空房清洁整理

空房是客人退房后，经过清扫但尚未出租的房间。由于暂未出租，时间长了难免落上灰尘等，造成卫生质量下降，所以必须每天进行检查并做简单的清扫，清扫程序如下所述。

(1) 查看房间有无异常，包括设备运转是否完好、天棚与墙有无蜘蛛、地上有无虫类等。

(2) 抹家具、设备、门窗等处的灰尘。

(3) 卫生间的马桶、地漏放水排异味，抹尘。

(4) 连续空的房间，每隔3～4天吸尘一次，同时，水龙头放水1～3分钟。

(5) 检查各类用品是否齐全。

(6) 卫生间的"四巾"如有异味，要在客人入住前更换。

学习任务七　房间小整理

住客房除了每天一次的全面清扫整理之外，在一些饭店里还提供临时的简单服务，即住客每次外出后都要对其住房进行简单整理，目的是使客房经常处于干净整洁的状态。一般饭店会为VIP客人或对客人午睡后的房间进行简单整理。房间小整理的内容包括以下几方面。

(1) 更换卫生间用过的"四巾"、杯具。

(2) 刷洗客人用过的"三缸"。

(3) 倾倒垃圾和烟灰缸。

(4) 按规范整理床铺(不必更换床单)。

(5) 将家具摆放位置复原，拉好窗帘。

(6) 清理地面杂物(如有污渍立即清洗)。

(7) 耗用过的香皂等应予以更换。

学习任务八　公共区域卫生清洁整理

客房部下面设有公共区域组，专门负责公共区域的清洁保养及绿化。

一、公共区域卫生清洁整理的特点

(1) 客流量大。

(2) 范围广，且项目繁杂琐碎。

(3) 工作条件差，专业性、技术性强。

二、公共区域卫生清洁整理的内容

(一) 大堂清洁

大堂清洁包括以下方面：地面清洁(不断推尘，雨天放伞架，不停擦洗地面泥尘和水迹，夜间打蜡磨光，地毯吸尘等)；门庭清洁(白天对玻璃门窗、门框、指示牌等的浮灰、指印和污渍进行擦抹，夜间对门口的标牌、墙面、门窗及台阶进行全面清洁、擦洗，对大门口的庭院进行清扫冲洗等)；家具的清洁(勤擦拭休息区的桌椅、服务区的柜台及一些展示性的家具，及时倾倒并擦净立式烟筒，更换烟缸，随时注意茶几、台面上的纸屑杂物，一经发现，及时清理)；扶梯、电梯清洁(擦亮扶梯扶手、挡杆、玻璃护挡，清洁轿厢，更换清洗星期地毯)；不锈钢、铜器清洁上光(注意使用专门的清洁剂)。

(二) 公共洗手间清洁

公共洗手间的日常清洁服务包括：及时做好洗手间的消毒工作；按序擦净面盆、水龙头、台面、镜面，并擦亮所有金属镀件；将卫生间的香水、香皂、小方巾、鲜花等摆放整齐，并及时补充更换；拖净地面，擦拭门、窗、隔挡及瓷砖墙面；配备好卷筒纸、卫生袋、香皂、衣刷等用品；检查皂液器、自动烘干器等设备的完好状况；热情向客人问好、为客人拉门、递送小毛巾等。公共洗手间的全面清洁包括：洗刷地面及地面打蜡，清除水箱水垢，洗刷墙壁等。该工作常在夜间进行。

(三) 餐厅、酒吧、宴会厅清洁

餐厅、酒吧的清洁工作主要是在餐厅营业结束后，做好对地毯的吸尘和对家具、电器等的擦拭、除尘工作，对地面或地毯上的污迹及时予以清洁；宴会厅的清洁工作主要是地毯吸尘，清扫板壁上的鞋印、指印及客人张贴的画和其他饰物，清扫大厅吊灯，每月一次的通风口除尘等。此外，餐厅、酒吧、宴会厅或其他饮食场所，常会有苍蝇等害虫出现，应随时或定期喷洒杀虫剂，防止蚊蝇等害虫孳生。

(四) 后台区域清洁

食堂、浴室、更衣室、服务通道、员工公寓、娱乐室等后台区域的清洁卫生工作包括：日常消毒、清洁维护、定期清扫等。

(五) 绿化布置及清洁保养

绿化布置的程序为：客人进出场所的花卉树木按要求造型、摆放；定期调换各种盆景，保持时鲜；接待贵宾或举行盛会时要根据饭店通知进行重点绿化布置。清洁养护的程序为：每天按顺序检查、清洁、养护全部花卉盆景；拣除花盆内的烟蒂杂物，擦净叶面枝干上的浮灰，保持叶色翠绿、花卉鲜艳；及时清除喷水池内的杂物，定期换水，对水池内的假山、花草进行清洁养护；及时修剪、整理花草；定时给花卉盆景浇水，定期给花草树木喷药灭虫。养护和清洁绿化时，应注意操作时尽量避免溅出的水滴弄脏地面，注意不可影响客人的正常活动。

典型案例

　　一天晚上，一位30多岁、服饰考究的香港女客人，面带怒色地找到饭店大堂副理投诉说："先生，我刚才回房发现自己放在卫生间盥洗台上的护发液不见了，肯定是让服务员给扔掉了！"大堂副理马上说道："小姐，对不起，给您添麻烦了。那么您是否可以使用本饭店提供的护发液？""不行啊，我多年来一直使用那种法国的名牌护发液，所以外出旅行也带上它，其他护发液我用不习惯。"大堂副理见出现了僵局，觉得应该先到现场调查一下再说。于是，他对客人说："小姐，您可以带我到房间去看看情况吗？""好吧。"客人答应道。

　　大堂副理跟着香港女客人走进她客房的卫生间，见盥洗台右角上整齐地摆放着客人的盥洗用品和化妆盒，只是没有护发液。大堂副理马上把当班服务员小甘叫来，问她是否见到客人的一瓶护发液。小甘承认是她处理掉的，因为她从半透明的瓶子看到瓶底只剩一点护发液，估计客人没什么用了。客人表示，恰恰这最后一点护发液是她留着最后一晚用的，明天她就乘飞机回香港了。

　　到这里，事情的真相已完全搞清楚了。为了打消客人的怒气，使客人满意，大堂副理当即表示："这件事确实是我们饭店的过错。给您带来麻烦，实在抱歉。小姐，看来这种外国护发液在本地没有卖的，是否可以这样办，我们照价赔偿，今晚上您就使用本饭店的护发液吧，其实，本饭店的护发液质量是不错的，您试用后或许会喜欢的。"客人见大堂副理赔礼道歉，态度诚恳，气也消了，又想到并没有受到多少经济损失，只是生活习惯受到一点影响，让饭店赔偿未免过分，便对大堂副理说："先生，您这么说，我就不好意思了，赔偿就不必啦。""只是委屈您了！"大堂副理满怀歉意地说。"没关系。"客人最后完全原谅了饭店的过失。

资料来源：豆丁网. http://www.docin.com/p-452739492.html.有改动

思考题：

1. 服务员在哪个环节出现失误？

2. 如果你是服务员，你该怎么做？

单元小结

　　本学习单元主要介绍了饭店客房的类型；饭店客房清洁的内容、方法及准备工作；走客房与空房的清扫程序；房间小整理及做夜床的方法；中西式铺床方法；公共区域的卫生清洁整理内容与程序。

客房的清洁整理又称"做房"。它包括三个方面的内容：清洁、整理客房；更换、填补物品；检查、保养设施设备。客房是客人用于休息、睡眠的场所，对客房的整洁状况要求很高。客人选择饭店所考虑的诸多要素中，清洁卫生是第一位的。因此，客房服务员的一项重要任务就是清扫、整理客房。

复习思考题

1. 简述客房清洁整理的内容、方法。

2. 如何进行中西式铺床？

3. 如何给客人做夜床？

4. 如何清扫走客房和空房？

5. 如何进行房间小整理？

6. 客房的类型有哪些？

7. 公共区域卫生清洁整理的内容有哪些？

课外实训

实训目的：通过实训，掌握客房清洁整理的各种技能与技巧。

实训内容：走客房清扫、空房清扫、中式铺床、西式铺床、准备工作车、房间小整理、做夜床。

实训方式：实验室现场操作。

客房对客服务

课前导读

　　客房是饭店的主要部分，宾客住进饭店后，除了外出活动，大部分时间是在客房里度过的。在现代旅游者的心目中，饭店的客房不再仅仅是满足其生存需要的栖身之地。他们期望有一个舒适的、符合自己生活习惯的住宿环境，并能在这里得到各种热情、周到的服务，得到满意的物质享受和精神享受。

　　只有高质量的客房服务才能使住客真正得到满意的物质享受和精神享受。所以，饭店的服务水平和服务质量，在很大程度上取决于客房的服务水平和服务内容。本学习单元主要向大家介绍饭店客房的其他综合服务项目。

学习目标

　　了解客房对客综合服务项目，及相关的服务标准和程序；掌握对客服务的各项基本技能和操作技巧。

　　知识目标：掌握客房对客服务的内容、程序和标准。

　　能力目标：训练各项服务的工作程序及服务标准。

学习任务一　迎送服务

　　迎送服务是客房服务的重要环节，往往能给住店客人留下深刻的印象，因此客房服务员应努力做好客人抵店的迎送服务。

一、迎客服务

(一) 客人到店前的准备工作

(1) 了解客情。相应楼层服务员要根据前厅的客情预报，了解到店客人的人数、国籍、抵店时间、宗教信仰、风俗习惯、生活特点、健康状况、活动日程等，做接待准备，将相关信息记录在"服务员工作日报表"上。

(2) 布置房间。检修房间设备设施，撤换有宗教信仰的客人忌讳的用品，备好冷热水，调好室温。如果客人预计到店时间较晚(20点以后)，亦可提前将夜床做好。

(3) 领班检查认可，方可接待。

(二) 客人到店时的迎接服务

(1) 客房服务员一般只在楼层梯口迎宾。

(2) 客人走出电梯后，服务员应面带微笑，主动问候客人，并做自我介绍。

(3) 问清房号，请客人出示房卡，征得客人同意后帮助客人提拿行李，引领客人进房。

(4) 向客人介绍客房内的设施设备及使用方法，以及饭店的各项服务，最后祝客人住店愉快。具体包括以下方面。

第一，打开房门后，将房卡插入供电器内，启动房间内电源。

第二，按客人意见将行李放在合适的位置上。

第三，向客人简单介绍房内设施设备及使用方法(如是常客可省去此步骤)。

第四，告诉客人楼层服务台或客房中心电话。

第五，祝客人住店愉快，轻轻关上房门退出。

第六，做好工作记录。

二、送客服务

(一) 准备

掌握客人离店时间，提醒客人有无遗漏物品。

(二) 送别

可代为通知行李处派人取送行李，热情道别。

(三) 查房

如有遗留客品应立即通知前台转告客人；如有饭店物品损坏或丢失，应立即通知前台收银员请客人付账或赔偿。

(四) 核对离房记录，修正房态

客人离开后，应及时核对离房记录，并修正房态，准备迎接下一批客人的到来。

学习任务二 接待贵宾服务

贵宾是饭店接待的重要客人，要给予特殊礼遇。

一、贵宾服务的基本要求

(1) 饭店各部门的主要服务人员能用客人的姓氏或尊称问候和称呼客人。

(2) 如客人初次住店，应先让客人直接进房，由大堂副理将住宿登记表交其陪同人员填写或送进客房由客人自己填写，再由大堂副理收回交至前台；如是常客，住宿登记表应直接由前台人员根据客史档案填写。

(3) 客人外出后，清扫员应立即整理干净房间。

(4) 住店期间，如可能，总经理或副总应登门拜访；离店时，应主动征求客人意见。

(5) 除商场外，其余营业场所应实行一次性消费。

(6) 做好客史档案。

二、贵宾的范围

(1) 党和国家领导人，外国元首及政府首脑等。

(2) 对饭店的业务发展有极大帮助的人。

(3) 知名度很高的政界要人、外交家、艺术家、学者、经济界人士、影视明星、社会名流等。

(4) 本饭店系统的高级职员。

(5) 其他饭店的高级负责人。

(6) 饭店董事会高级成员。

三、贵宾的等级

(一) A级

党和国家领导人，外国元首及政府首脑等。

(二) B级

我国及外国的政府部长，世界著名大公司的董事长、总裁或总经理，省、直辖市、自治区负责人等。

(三) C级

地市级主要党政官员，各省(市)旅游部门的负责人，国内外文化、艺术、体育、新闻界的负责人或知名人士，各地星级饭店总经理，相关行业、与饭店有协作关系的企业的负责人，饭店总经理要求按VIP接待的其他客人。

四、贵宾服务的标准

(一) A级

1. 迎送

贵宾住店时，总经理要亲自迎送。

2. 客房物品配备

除常规用品外，另增配以下用品。

(1) 与房间格调协调的工艺品。

(2) 卫生间云台上放一瓶插花(盆景)。

(3) 每天放一篮四色水果并提供相关的用具、用品和四种小点心。

(4) 总经理亲笔签名的欢迎信和名片。

(5) 每天放两种以上的报纸(外宾房放英文版的《中国日报》)。

(6) 开夜床时赠送一份精致的工艺品。

3. 餐饮

(1) 抵店第一餐，由总经理引领客人进餐厅。

(2) 使用专门的小餐厅。

(3) 每餐开出专用菜单，交有关方面审查。

(4) 专人服务，专人烹制。

4. 保安

(1) 事先留好停车位。

(2) 在饭店四周安排警卫和巡视。

(3) 设专用通道和客梯。

(二) B级

1. 迎送

贵宾住店时，总经理、大堂副理、礼宾员等在大门口迎送。

2. 客房物品配备

除常规用品外，另增配以下用品。

(1) 卫生间云台上放一瓶插花(盆景)。

(2) 总经理亲笔签名的欢迎信和名片。

(3) 每天放一篮两色水果并提供相关的用具、用品和两种小点心。

(4) 每天放两种以上的报纸(外宾房放英文版的《中国日报》)。

(5) 开夜床时赠送一份饭店特制的纪念品。

3. 餐饮

(1) 抵店第一餐，由总经理或副总引领客人进餐厅。

(2) 使用专门的小餐厅。

(3) 每餐开出专用菜单。

(4) 专人服务。

4. 保安

事先留好停车位。

(三) C级

1. 迎送

贵宾住店时，总经理或副总或大堂副理在大门口迎送。

2. 客房物品配备

除常规用品外，另增配以下用品。

(1) 卫生间云台上放一瓶插花(盆景)。

(2) 总经理亲笔签名的欢迎信和名片。

(3) 每天放一篮两色水果并提供相关的用具、用品和两种小点心。

(4) 每天放两种或一种报纸(外宾房放英文版的《中国日报》)。

(5) 开夜床时赠送一枝鲜花或一块巧克力。

3. 餐饮

根据具体情况而定。

五、贵宾接待的服务程序

(一) 抵店前的准备工作

(1) 对贵宾房进行大清扫(完成各项卫生计划)，保证清洁整齐。

(2) 检查各种设备设施，确保完好、有效。

(3) 按贵宾等级的布置要求，向领班领齐各种物品。

(4) 布置完毕后，由领班、楼层主管、客房部经理、大堂副理按顺序进行严格检查，发现问题，立即纠正。

(5) 再次进房巡视并抹尘、吸尘，确保万无一失。

(二) 到店的迎接工作

(1) 接到贵宾入店的通知后，在梯口迎接客人。

(2) 面带微笑，使用礼貌用语，如"××先生，您好，欢迎光临"。

(3) 提供"五到"服务，即客到、微笑到、敬语到、茶到(茶杯放在茶碟上，要有带店标的茶垫)、毛巾到(注意保证香度、湿度、温度和柔软度)。

(4) 服务完毕后，微笑着对客人说"如果在住店期间有什么服务需求，请拨打客房中心电话××××，我们很愿意为您效劳，希望您在这里居住愉快，再见"。然后后退一步，走到房门时转身面向客人，轻轻把房门关上。

(三) 住店的服务工作

(1) 尽量了解贵宾的时间安排，随时注意为客人提供各种有针对性的服务。

(2) 当客人外出时，及时对客房进行小整理。开夜床时，多配一条地巾放置在床头柜前。

(3) 留心贵宾的喜好，做好记录及时传递到前台，以备完善客史档案。

(四) 离店的结束工作

(1) 接到离店的通知后，立即到梯口等候，为客人按电梯，电梯到达楼层时，请客人入电梯，当门关上1/3时，向客人道别"祝您旅途愉快，欢迎您再次光临"。

(2) 及时查房，发现遗留物品立即通知前台送还，做好回收与检查工作，清扫房间，使其恢复原状。

【要点提示】

(1) 注意服务适度，尽量不要打扰客人。

(2) 不得随便泄露贵宾住店机密，不得随便进出贵宾房间。

学习任务三 访客服务

随着饭店业的发展，客房的功能日益增多，它不只是客人休息的场所，在很多时候，它也是客人进行商务会谈、接待来访客人的地方。因此，饭店应能提供相应的访客服务。

一、对访客的管理要求

(1) 凡是住店客人带来的访客，可不予询问，但需做好记录，记明进出时间和男女人数。

(2) 单独来访者，问明情况，必要时可礼貌查看有效证件，并先打电话征询住客同意，再将访客带入客房；如客人不在，应请访客到公共区域等候，不可在楼层逗留。

(3) 如住客不在又没有留言，不得让访客进房等候。

(4) 到了饭店规定的访客离开时间，应打电话到客房，提醒访客离开；若因事不能离开，须办理入住登记手续；若超时不走又不办手续，报大堂副理或保安部处理。

(5) 如住店客人给访客留了房卡，应核对其有效证件，否则报保安部收缴房卡。

二、接待程序

(一) 前台接待

前台接待员(若客人私自到访，由客房服务员出面)问清来访者姓名、单位，并查看有效证件，问清住店客人的房号、姓名、性别等情况，如相符，请来访者填写《饭店会客登记表》，见表12-1。

表12-1 饭店会客登记表

年 月 日

访客姓名	性别	年龄	工作单位或住址		证件名称	证件号码
住客姓名			房号		与访客关系	
来访时间			来访值班服务员		备注	
离访时间			离访值班服务员			

(二) 当访客来访，客人在房时

(1) 客房服务员首先应礼貌询问访客姓名、有无与住店客人预约及房号等，并办理访客登记手续。

(2) 请来访者稍候，通过电话与住客联系，征得同意方能将房号告知，或带访客去，不得未经住客同意随意将住店客人的房号、姓名、电话告诉来访者。

(3) 征得住店客人同意后，引领来访者至房前，敲门通报，待其进入房间后离开。

(4) 若住店客人拒绝会客，应委婉告知来访者，或请访客留言；若访客无理纠缠，可通知主管或保安部，以切实保障住客安全。

(三) 当访客来访，客人不在房时

(1) 询问有无预约，查看有无住客留言单，若有，核对留言单上的有关事项，确认后按留言处理，如住客外出，并交代访客可在其房内等候，服务员应按客人的吩咐做；若无留言，则请访客到大厅等候，当住客返回时通知客人。

(2) 为了住客的安全，不得私自为访客开门。

(3) 若访客不愿或来不及等候，可请其留言，填写留言单(见表12-2)，当住客返回时转交。

(4) 若访客持有房卡，并要进入客房取物品，应礼貌了解其对住客的掌握程度，办理访客登记手续，陪同访客一同进入客房取物品，及时将取走的物品做记录，当住客回店后及时说明情况。若访客要取走客人的贵重物品，请其出示授权书，否则婉言拒绝。

表12-2　访客留言单

女士或先生: ＿＿＿＿＿＿＿＿＿＿＿＿	房号: ＿＿＿＿＿＿＿＿＿＿＿＿＿＿
当您外出时	
来访客人姓名: ＿＿＿＿＿＿＿＿＿＿	来访客人电话: ＿＿＿＿＿＿＿＿＿＿
□有电话找您　□将再来电话　□请回电话　□来访时您不在　□将再来看您	
留言	
经手人: ＿＿＿＿＿＿＿＿＿＿　日期: ＿＿＿＿＿＿＿＿＿　时间: ＿＿＿＿＿＿＿＿	

(四) 茶水服务

(1) 当客人提出要求时，询问要几杯以及要什么茶叶品种。

(2) 在最短的时间内送入，并询问是否还有其他要求。如人数较多，及时为客人续水。

(3) 访客离开后，及时撤出加椅、茶具等，整理好房间。

(4) 做好访客进出时间记录。如超过访问时间，访客还未离开，根据饭店规定，服务员应先用电话联系，提醒客人，以免发生不安全事件。

(5) 对于没有住客送的访客要特别留意其带出的物品。

学习任务四　洗衣服务

饭店通常为客人提供洗衣服务，项目有水洗、干洗、熨烫三种，时间上分正常洗和快洗两种。送洗客衣工作由客房服务员承担，这是一项很细致的工作，如果粗心马虎弄错、弄丢客人衣服，会遭到客人索赔，并影响饭店声誉。

住客送洗衣物的方式有多种，如致电洗衣房或客房部要求洗衣；将要洗衣物和填好的洗衣单放进洗衣袋，挂在门把手上或放在床上；留下字条，让服务员代填洗衣单，并把衣物装在袋内或放在明显的地方；将衣物直接交给客房服务员。其中，第二种方式最为常见。服务员每天整理房间时，应查看洗衣袋，看客人是否要求洗衣服。

一、洗衣服务程序

(一) 收取客衣

(1) 客房服务员每天在规定的时间进房检查时要留意洗衣袋，发现有衣服应及时收取。

(2) 要检查是否有客人填写的洗衣单，及洗衣单上的项目是否填齐。

(3) 服务员要将洗衣单上客人填写的房号与房间门牌号进行核对，查看是否一致。

(4) 收取客人要洗的衣物后，将洗衣袋口系紧，不要放在工作车上，以免被他人取走，造成遗失。

(二) 送洗客衣

(1) 认真核对洗衣单上的项目，确保准确无误。

(2) 检查衣物是否有质量问题，以免洗后发生不必要的纠纷。

(3) 如发现衣物中有钱和物，及时返还客人。若客人不在房内，交给领班，由专人保管，写清钱物的数量、名称、房号，请客人当面核实签收。

(4) 如客人有特殊要求，应按规定做好标记。

(三) 接收和分送客衣

1. 接收客衣

(1) 清点当日洗衣房送交的已洗客衣的总件数是否正确。

(2) 如发现有短缺、损坏的现象，当面向洗衣房人员提出，商定处理方案。

(3) 烫好的客衣要挂在衣架上，不要折叠摆放。

(4) 检查衣服的各种装饰品是否齐全。

2. 分送客衣

(1) 18：00前服务员将客衣送到相应客房，快洗衣物应在4小时内送还。

(2) 对于DND房，可将衣物交房务中心，并从门下塞入"衣服已洗好"的说明卡。

(3) 需用衣架挂起的衣服放进壁橱，折叠好的客衣平放在桌面或床上，再次核对衣物是否与房号相符、件数是否正确。

(4) 若客人在房内，说明衣物的件数及洗衣费，请客人当面检查质量。

(5) 及时填写《客衣送洗记录表》，以备核查。

二、洗衣单的填写要求

洗衣单格式见表12-3。

表12-3　洗衣单

洗衣服务请拨××××与房务中心联系

姓名		房号	
日期		签字	

□送回衣折叠
　RETURN SHIRT FOLDED
□送回衣挂衣架
　RETURN SHIRT ON HANGER

请作标记 RELEASE TICK
□普通服务：早上10时收衣，当天晚上送回
　Same day service： Order before 10：00，delivered at night.
□24小时提供加快服务
　24-Hour express service
□3小时加快服务(100%附加费收到后3小时送回)
　3 Hours- service ： (100% extra charge，delivered with 3 hours)
□5小时加快服务(50%附加费收到后5小时送回)
　5 Hours- service ： (50% extra charge，delivered with 5 hours)

填写洗衣单时，应注意以下事项。

(1) 房号、日期、填写人(经手人)一定要填写清楚，填写人姓名一定要填写全名。

(2) 数量、名称要与客人要求的内容相符。

(3) 客人的特殊交代，一定要在洗衣单上注明。

(4) 洗衣单上的内容有限，如有未包括的内容客人可另加。

【要点提示】

如客衣为特殊面料、质地，可能会褪色、缩水，如客人要求湿洗，应向客人当面说明，出了问题，与饭店无关。

三、特殊情况的处理

【情况一】服务员在洗衣时间收取客衣时，DND房或客房内无客人欲洗客衣，而在下午打扫时发现房内有一包客人欲洗客衣，而客人不在房间，怎么办？

(1) 服务员按接收洗衣程序收取客衣。

(2) 对于DND房，服务员应及时填写服务单，从门下塞入房间。

(3) 如在已过洗衣时间的情况下发现客衣，应给客人留言说明原因，并提醒客人是否要加急，可立即给房务中心打电话将情况汇报领班，并通知房务中心。

【情况二】客人有待洗的客衣，但换了房间，怎么办？

(1) 对刚收好的客衣，在洗衣单注明更换房间号，如将1101换到1102。

(2) 如已送洗衣房，应及时通知房务中心，并马上通知客衣组，避免入错账。

【情况三】当客人说没有看到送回的客衣时，怎么办？

(1) 首先询问客衣组是否将衣物送回，如已送回，经客人允许后，到房内帮助客人寻找。

(2) 送回客衣时，如客人不在房间，送回的客衣一定要放在明处。

【情况四】客人反映客衣送错，怎么办？

(1) 首先向客人道歉并了解客衣的数量、颜色、特征。

(2) 与原有洗衣单核对。如是单件出错，应先查看其他客人有无反映送错衣物的情况，尽力帮助客人找回衣物；如是整份出错，考虑是否写错房号或送错房间，然后检查当日送入其他客房的衣物。

【情况五】房务中心通知服务员给某房送衣，且收取现金，但房间客人说此房所有费用可以挂账，如何处理？

(1) 首先道歉，如"对不起，先生，请您稍等，我们再核实一下"。

(2) 不要在客人面前核实。

(3) 请房务中心查询确认，等其通知后再做处理。

【情况六】客人欲提前离店，但客衣还未洗好，怎么办？

(1) 不管何种原因，应向客人道歉。

(2) 将客衣清洗情况向客人说明。

(3) 如来得及，应马上将客衣清洗好送到客房；如来不及，也应将客衣包装好送到客房，同时视情况给客人减免洗衣费。

【情况七】由于洗衣房处理不当造成客人衣物损坏或遗失，怎么办？

(1) 首先道歉，并征求客人的处理意见。

(2) 若客人提出赔偿，应通知大堂副理与客人协商解决。

(3) 按照国际惯例，饭店一般规定任何衣物丢失或损坏，其赔偿金额不超过洗熨费的10~15倍。为显示对客人公平，同时饭店也不受太大损失，现在有的饭店提出保值洗衣的方法，即根据衣物价值提高洗衣费，若有意外，其赔偿额也相应提高。

【情况八】当客人将脏衣服扔入毛巾篓内，怎么办？

(1) 不能视为待洗衣物取出。

(2) 不能视为垃圾扔掉。

(3) 遇到此类事情时，立即向主管反映，询问具体做法。

学习任务五 小酒吧服务

为了方便客人在房内食用各类饮料及小吃，并增加饭店收入，客房内往往设有小酒吧或小冰箱(见图12-1)，放置烈酒、啤酒、汽水及果汁等饮料，以及巧克力等小食品，由客人自由取用。

通常，饭店客房小酒吧内配备以下食品和用品。一般将不少于八种的软饮料放于小冰箱中。吧台上通常摆放烈性酒、葡萄酒、小食品和配套用品。烈性酒品种不少于五种，葡萄酒不少于两种。每种配备数量一般不得低于两瓶。有的饭店还摆放一些即食小食品，以满足夜间到店客人的需要。配套用品包括酒杯、饮料杯、调酒棒、杯垫等。还要在吧台显眼处放置"客房小酒吧账单"，账单上列明所供应的饮料、食品的品种、额定存量、价格以及小酒吧的管理说明。为方便客人填写，账单采用无碳复写，一式三联。上述所有物品都应按固定的位置摆放整齐。

图12-1　客房内的小冰箱

一、客房小酒吧管理规定

(一) 检查

每天清扫客房时，查看小酒吧(冰箱)内各种饮料的种类及数量是否符合饭店规定，是否使用过。

(二) 酒水推销

在介绍客房设施设备时，可恰当地向客人介绍小酒吧服务内容，如所配酒水饮料的品牌，以便客人选择和消费。

(三) 酒水检查

(1) 每天上午由专人检查住客房间内的小酒吧消耗情况，填写《客房小酒吧点算单》(见表12-4)，并交前台收银处。

(2) 及时补充，团队需与领队沟通是否提供小酒吧服务(个人收取费用)；客人离店结账时，收银员应询问客人是否动用了小酒吧的饮料，如有出入及时通知客房中心，由服务员检查。

(3) 查看账单，请客人签字确认，即为有效账单，一式三份，客人留一份，收银处留一份，客房服务员留一份。

表12-4　客房小酒吧点算单

请在消费数量栏内填上所用酒水的数目

房号：　　　　　　　日期：　　　　　　　　时间：

存量 STOCK QUANTITY	品种 ITEM	单价 UNIT PRICK	消费数量 CONSUMED	合计 TOTAL AMOUNT
2	COCA-COLA 可口可乐	8.00		
2	EVIAN WATER 依云矿泉水	10.00		
2	CHOCOLATE 巧克力	15.00		
1	SODA WATER 苏打水	8.00		
总数				
客人签名				

服务员签名：　　　　　　　　入账人员签名：

二、客房小酒吧服务程序

(一) 补充酒水饮料

(1) 每天清扫客房时，清点数量，如有开启饮用，核对账单，通知收银处。

(2) 添加冰箱内的饮料，按规定位置摆放整齐，注意有效期限。

(3) 查阅客人填写的账单，检查数量是否相符，应特别注意瓶盖封口和罐装饮料底部，防止客人"偷龙转凤"。

(4) 核对无误后，将账单送到房务中心，电脑记账(或直接送到收银处)。将用过的杯子等用品及时撤换，随时放上新账单。

(5) 如酒水饮料少了，而客人说没有饮用，应及时上报主管。

(二) 专人负责饮料补充

(1) 每天在指定时间由领班统计，填写楼层饮料日报表，并根据楼层饮料消耗情况及时补充。

(2) 有些饭店设专职酒水员，负责客房酒水，即负责饮料的检查、送单、领取、补充、报损等工作。

(三) 注意事项

(1) 客人会客时不要收取饮料费用。

(2) 因特殊情况不能及时补充物品的，应做好交接班工作。

(3) 注意核对饮料项目和房号，如有误，注明检查时间，主动向客人说明并更正。

(4) 定期检查有效期，严禁出售过期产品。

(5) 特别留意瓶盖封口是否完整，巧克力、饼干食品包装是否被拆过。

学习任务六　租借物品服务

饭店被住店客人称为"家外之家"。通常会有客人由于各种需要向饭店借用各类生活用品。客房部应配有这些客人可能借用的物品，为客人提供方便，同时也能显示饭店服务周到。

客人常租借的物品主要有：电熨斗、烫衣板、插头、变压器、针线包、吹风机、电水壶、刮胡器、电褥子、婴儿床、牌桌、轮椅、传真机、DVD机、影碟、玩具等。

一、租借物品的相关规定

(1) 填写《物品租借凭单》，请客人遵守租借物品的归还时间。

(2) 若是贵重物品，则要按规定收取一定数额的押金。

(3) 告知客人正确的使用方法。

(4) 如因客人使用不当损坏，按有关规定向客人索赔。

(5) 根据物品损坏程度向客人索要赔偿。

二、租借物品的服务程序

(1) 接到客人租借物品通知后，楼层服务员负责注明物品名称、编号、租借时间。

(2) 将客人需要的物品在5分钟内送到客房，问清客人归还时间，根据情况介绍物品的正确使用方法，礼貌申明相关租借规定。

(3) 填写《租借物品登记表》(见表12-5)。

(4) 如发现客人损坏或丢失租借物品，及时向上级汇报，及时处理。

(5) 如无法提供客人想租借的物品时，说明原因，尽量协助客人解决问题。之后可根据客人的需要，不断补充租借物品的品种，调整物品数量。

(6) 收回物品时应注明时间，请客人签名。归还后要进行清洁、消毒，放回原处。

表12-5　租借物品登记表

日期	房号	退房日期	经办人	借出物品	借出时间	客人签名	收回时间	责任人	备注

【要点提示】

(1) 只有入住本店的客人才能租借。

(2) 提醒客人使用时注意安全。

(3) 告之客人租借的物品不得带出店外。

(4) 如住店客人委托他人办理登记手续时，请代办人出示有效证件和委托人的有效证件或房卡。

(5) 如在夜晚送交物品，服务员应当在客房门口交送物品，不得进入客人房间。

(6) 归还的物品一定要清洁、消毒后再放回原位。

学习任务七　擦鞋服务

三星级以上的饭店一般会提供免费的擦鞋服务。为了方便客人，房内往往会放置擦鞋的用品。也有些饭店设有自动擦鞋机，但不容易擦拭干净，而人工擦拭可以充分满足客人的要求。通常在客房衣柜内会放有带房间号的免费擦鞋篮，客人只需将要擦拭的皮鞋放入鞋篮内，放置在房间门口，或打电话通知房务中心来取即可。

一、擦鞋服务的处理原则

(1) 根据客人要求，服务员逐房收取待擦拭的皮鞋。

(2) 收取皮鞋时服务员应仔细核对房号，并用便条纸写下房号粘贴于鞋上，以便于区分。

(3) 服务员将收取的皮鞋放于库房，利用空档时间完成擦鞋工作，如客人有特殊要求需快速处理时，必须在指定的时间内完成。

二、擦鞋服务的操作程序

(1) 服务员接到要求提供擦鞋服务的电话后，应在饭店规定时间内赶到客人房间收取皮鞋，并做好房号标记，以免送错房间。

(2) 认真检查皮鞋的装饰物是否有损坏，如有一定要及时通知客人(最好是当面)，经客人确认后再为客人提供擦鞋服务。

(3) 若有装饰物先将其贴上胶布，以免沾上鞋油，之后将表面上的浮灰擦去。

(4) 以同色鞋油涂抹于鞋面上(若颜色无法明确区分，用透明无色鞋油处理)。注意要在明亮处工作，避免错判鞋色，最后用干绒布擦亮。

(5) 擦拭完将皮鞋送回客房，做好服务登记，注明房号、数量、颜色、样式及时间，以备日后查询。

三、擦鞋服务的注意事项

(1) 凡是自己无法处理的皮鞋或非皮鞋面的鞋子，须向领班或主管请教，切勿自行处理。

(2) 发现住店客人皮鞋脏时，应主动询问。若是雨雪天气，应在客人外出归来时主动询问。

(3) 如客人的鞋已经破损，应事先向客人说明，如不能处理，可提示客人到外面修理。

学习任务八 托婴服务

为了使带小孩的客人不因小孩的拖累影响外出或办公，许多饭店往往会为住店客人提供婴幼儿的托管服务，帮助照看小孩，并根据时间长短收取相应的服务费。托婴服务责任重大，关系儿童的人身安全，绝不能掉以轻心。该项工作一般交由客房部专门负责。凡是做兼职保育员的服务员，必须接受过专门训练，掌握照管婴幼儿的知识和技能，并略懂英语。

一、托婴服务的程序

(1) 接到托婴服务要求后，服务员应问明客人姓名、房号，所需照顾的日期和时间，并就相关事宜向客人说明，然后请客人填写《婴儿看护申请单》，见表12-6。

(2) 向客人说明收费标准。一般以3小时为一个计费点，超过3小时增收相应费用。一般在前台收银处一并结算。

(3) 征得客人同意后，服务员将资料交给客房部值班人员，请其代办。当主管确定看护人选后，于约定前10分钟向客人报到。

(4) 看护者要经常与房务中心或值班人员联络，以随时掌握情况，若有任何情况发生，应迅速处理。

(5) 服务结束后，立即将《婴儿看护申请单》送到前台收银处，以便客人离店时结算。

表12-6　婴儿看护申请单

房号：_____　日期：_____
要求看护时间：从_____　至_____
客人签名：_____
我们已为您安排了_____小姐作为婴儿保姆，看护时间以3小时起算。
收费标准如下：
基价：_____元人民币/小时。
如果看护时间超过3小时将加收_____元人民币。
如果您要取消委托，请务必提前3小时通知我们，否则，我们将按最低看护时间收取基价。
客房部经理：　　　　　　　日期：

二、托婴服务的注意事项

(1) 必须向客人了解看护要求，照看的时间和婴幼儿的年龄及特点，以便提供有针对性的服务。

(2) 在饭店规定的区域内照看婴幼儿，不能带出客房或饭店。尤其不能带小孩到游泳池边、旋转门或栏杆等地方，这些地方容易造成意外伤害。

(3) 不得随意给婴幼儿食物，不得将尖利或有毒的器物给婴幼儿充当玩具，更不得随便将其托给他人看管。

(4) 留好客人的电话，以便在发生意外时能及时联系到客人，使事情得到妥善处理。

【要点提示】

托婴服务最好由女性服务员提供。

学习任务九　送餐服务

客房送餐服务是一种高级服务，往往体现了一个饭店的豪华程度。客人由于生活习惯或特殊要求，如赶早、患病、会客、夜餐等，需要饭店提供客房用餐服务。为了满足客人的需求，越来越多的饭店提供这种服务，当然送餐服务还要收取相应的服务费。

一、送餐服务的要求

(1) 简单菜品可用托盘运送，丰盛的菜品应用餐车运送。

(2) 餐车干净无声响，餐具干净完好，与食物匹配。

(3) 敲门报身份"Room Service"。

(4) 与餐桌保持一定距离，用规范的手势逐一介绍菜品，告知客人所有菜品上齐，请客人用餐。

(5) 双手持账单，请客人签字并真诚致谢。

(6) 询问有无其他要求，祝客人用餐愉快，用餐后两小时左右收拾餐具。

(7) 收餐具时要征求客人对用餐的意见。

二、送餐服务的程序

(1) 当客人以电话或其他方式要求提供送餐服务时，服务员必须准确记录以下内容：客人姓名；餐食内容；送餐时间；其他特殊要求。

(2) 将点菜单送至厨房或交给负责客房餐饮的服务员。

(3) 待厨房将餐食准备妥当后，依指定时间送至客房。

(4) 准备餐车时，要依饭店规定，将整洁的台面铺好，再依客人菜品的内容摆放餐具、调味瓶等物品，以达到高级饭店的标准。

(5) 进入客房后，依客人指示将餐食摆放整齐，如客人无其他需要，请客人签妥账单后，道谢并转身离开，不必留在客房服务客人用餐。

(6) 按规定时间将客人用完的餐具收回。将餐具清点、分类整理，若有属于客房部的餐具须立刻清洗后归还，其余物品送回厨房或餐厅，餐车则放回饭店规定地点。

三、特殊情况的处理

(1) 送餐时如客人着装不整，应礼貌委婉地告知客人在门外等候，等客人穿好衣服再进。

(2) 如遇到醉酒客人，暂不进入房间，通知大堂副理共同完成送餐服务。

(3) 如有特殊食品要求，应尽量满足。

(4) 如遇到生病客人，应按饭店相关工作程序，询问客人是否需要帮助，立即通知大堂副理。

(5) 如发现客房内有不法行为，应当沉着冷静、巧妙回避，并立即通知大堂副理。

学习任务十 拾遗服务

一、查找失物

客人在住宿或离店过程中，难免会因一些原因丢失或遗忘物品，饭店尤其是客房部要急客人所急，帮助客人妥善处理这类事件。

(1) 安慰并帮助客人回忆可能丢失的地方，请客人提供线索，分析是否确实丢失。常有个别客人害怕自己的贵重钱物丢失，便藏于客房，事后忘记藏在什么地方。

(2) 查找过程中，请客人耐心等待或一起寻找。一般由保安人员及管理人员负责。

(3) 通过饭店监控设施查找线索。

(4) 仍无结果或原因不明，没有确切事实认定是在客房内丢失或某人盗窃的，饭店不负赔偿责任。但应向客人表示同情，请客人留下联系电话，以便日后联系。

(5) 详细记录整个过程，以备核查。

【要点提示】

查找失物时要注意，员工不得单独进入客房查找。如果原客房已入住新客人，查找的范围将很有限。

二、处理失物和遗留物品

饭店都有严格规定，员工在本店范围内拾获客人失物，必须如数上交。对拾物不交者，将严肃处理。拾遗事务一般由客房部办公室或房务中心处理，设立失物日志，详细记录上交的失物或遗留物品情况。

(1) 发现客人遗留物品时，立即通知前台，马上查询客人是否已结账退房。

(2) 必须立刻通知领班或房务中心。

(3) 该客房的客人若尚未离开，及时将物品送还客人；若客人已离开，填写《客人遗留物品登记表》，记录日期、时间、地点、客人姓名、物品明细、数量，还要有拾获者签名。

(4) 将遗失物品用塑胶袋打包，避免物品受潮。将物品连同登记表一起交给客房部办公室值班人员。

(5) 客房部将收到的遗留物品编号，注意区分贵重物品与普通物品，并将登记表上的资料录入电脑资料库内。

(6) 已知遗留物品的客人姓名、住址或单位的，应及时联系客人，交还或邮寄。也有个别饭店主张，除非客人亲自来认领或发函寻找遗留物品，一般不通知物主或邮寄奉还(可能是客人要扔掉的物品，或是为了替客人保密住店情况)。

(7) 按国际惯例，遗留物品保存期为一年，特别贵重物品可延长半年。超过保存期，仍无人认领可做以下处理：年终由客房部统一分配；在有关部门的监督下报废；归拾获服务员；归上交服务员(须付一定金额)。

▌ 三、遗留物品的认领

(1) 如有失主前来认领遗留物品，必须要求来人说明失物的情况，并验明证件(贵重物品领取时最好留下认领人的身份证复印件)，由领取人在《遗留物品控制单》或《遗留物品登记表》上写明工作单位并在签名后取回物品。

(2) 若客人来电或来函寻找遗留物品，需积极帮助查询。所有报失及调查回复资料应记录在登记表上备查。

(3) 若拾物与客人所描述的物品相符，则通过电话问清客人领取时间，若客人不能立即来取，应把物品转入"待取柜"中，并做好记录，直到客人取走为止。

学习任务十一　加床服务

当客人向客房服务员提出加床服务要求时，服务员应礼貌地请客人到前台办理有关手续，不可随意答应客人的要求，更不得私自向客人提供加床服务。

▌ 一、加床服务的规定

(1) 加床期间，需为客人增加一套客房棉织品、杯具、茶叶及卫生间消耗品。
(2) 加床的费用以标准房价的20%~25%为标准收取。

▌ 二、加床服务的程序

(1) 服务员提供加床服务必须得到前台的通知或认可，在接到通知后加床，并做好记录。

(2) 当客人直接向客房服务员提出加床要求时，应先向客人说明收费标准，然后请客人与前台联系并办理有关手续，服务员不得私自向客人提供加床服务。

(3) 服务员将加床与配套的棉织品、客用品推至房间，如客人在房内，主动询问客人的要求，按其要求摆放好加床；如客人无特别要求，移开沙发茶几，将加床至于墙角位置，为客人铺好床并保证舒适安全。

(4) 与客人礼貌道别，退出房间关门。

(5) 通知房务中心加床完毕。

典型案例

小李的迷茫

服务员小李第一天上班，被分在饭店主楼12层做值台，由于她刚经过三个月的岗位培训，对做好这项工作充满信心，自我感觉良好，一个上午的接待工作也颇为顺手。

午后，电梯门打开，走出两位港客，小李立刻迎上前去，微笑着说："先生，您好！"她看过客人的房卡后，接过他们的行李，一边说"欢迎入住本饭店，请跟我来"，一边领他们走进客房，随手给他们沏了两杯茶放在茶几上，并说道："先生，请用茶。"接着她又用手示意，一一介绍客房设备设施："这是床头控制柜，这是空调开关……"这时，其中一位客人用粤语打断她的话头，说："知道了。"但小李仍然继续说："这是电冰箱，桌上文件夹内有'入住须知'和'电话指南'……"未等她说完，另一位客人又掏出钱包抽出一张面值为10元的外汇券不耐烦地给她。霎时，小李愣住了，一片好意被拒绝甚至误解，使她感到既沮丧又委屈，她涨红着脸对客人说："对不起，先生，我们不收小费，谢谢您！如果没有别的事，那我就告退了。"说完便退出房间回到服务台。

此刻，小李心里乱极了，她实在想不通自己为什么不受客人欢迎。

资料来源：豆丁网.http://www.docin.com/p-739395134.html,有改动

思考题：

小李按服务规程给客人耐心介绍客房设备设施，为什么会不受客人欢迎？

单元小结

客房的服务水平和服务内容对饭店的整体形象至关重要。客人期待在这里得到生活需求的满足，更希望得到精神上的享受。由服务人员热情礼貌、细致周到的服务态度，体贴入微、恰到好处的服务方式，训练有素、熟练的服务技巧，内容丰富的服务项目所组成的

服务活动具有特殊的价值，比设施、物资更重要，更有意义。

复习思考题

1.客房对客服务的内容有哪些？

2.客房对客服务的标准有哪些？

3.简述客房对客服务的程序。

课外实训

实训目的：通过实训，掌握客房对客服务的服务技能和操作步骤。

实训内容：迎送服务、接待贵宾服务、访客服务、小酒吧服务、托婴服务、擦鞋服务、送餐服务、加床服务等。

实训方式：实验室现场操作。

客房设备用品管理

客房部的设备与用品是为客人提供服务的前提条件与物质基础，它反映了一个饭店的档次与规格，是提高对客服务质量的保障，同时，它也直接影响客房部营业成本的多少与经济效益的高低。因此，加强对客房部设备与用品的管理，是客房部的重要工作内容之一。作为饭店员工尤其是客房部的员工必须重视客房设备与用品的管理，从设备与物品的选购、使用、保养等各个环节做好相关管理工作。

知识目标：了解客房设备与用品的主要类别与特点；理解加强客房设备用品管理的重要意义；掌握客房设备用品管理的基本方法与要求。

能力目标：熟悉客房设备用品使用与保养的基本要求，掌握客房主要设备和物品的使用和保养方法。

学习任务一 认识客房设备用品管理的重要意义

客房部的设备和用品是饭店提供对客服务的物质基础，同时也是饭店客房部管理和控制的重点。了解客房设备和物品的分类和特点，可以充分发挥其在对客服务中的作用；正确合理地进行选择，可节省资金的投入，并满足客人和饭店的需求，进而提高经济效益；妥善使用和管理客房设备物品，可减少问题的发生和宾客投诉，提高饭店的整体管理水平。所以说，加强饭店客房设备用品的管理对饭店来讲具有重要的现实意义。

(1) 加强客房部物品与设备的管理，可以保证饭店客房商品经营活动的正常进行。每一种设备都在对客服务的不同环节发挥作用，所有客房设备用品组成一个整体，某一个环节出问题，会直接影响宾客对饭店服务的整体印象。

(2) 加强客房部物品与设备的管理，是饭店提高经济效益的重要途径。客房设备和物品的投资占饭店整体运转投资的比重较高,而且客房设备物品的管理环节多,管理难度大,全面加强管理是提高饭店经济效益的重要途径。

(3) 加强客房部物品与设备的管理,是提高客房服务质量的必要物质条件。国家星级饭店评定标准明确提出了各星级级别的硬件设施条件,而具备这些条件不仅是晋升星级的要求,更是提供更高质量对客服务的要求。

(4) 加强客房部物品与设备的管理,做好现有设备的技术改造,适时地更新设备,有利于加速实现饭店客房服务手段的现代化,提高饭店的等级。

学习任务二 客房设备管理

一、客房部设备的种类

客房部物品与设备是指饭店客房商品经营活动所必需的各种基本设备,它是保证客房部正常运转必不可少的物质条件,主要包括以下两方面。

(一) 客房设备

(1) 电器设备。如电视机、电冰箱、空调、音响、传真机等。

(2) 家具设备。如用于经营服务的床、床头柜、写字台、沙发、衣柜等。

(3) 建筑修饰品。如地毯、墙纸、地面材料等。

(4) 附属设备。如水暖设备、卫生设备等。

(二) 清洁设备

(1) 一般清洁设备。如扫帚、畚箕、拖地器具、工作车、玻璃清洁器等。

(2) 机器清洁设备。如吸尘器、吸水机、洗地毯机、烘干机、打蜡机等。

二、客房设备的选择

(一) 客房设备选择的基本原则

1. 协调性

首先是设备本身要求配套,以发挥整体效益;其次,考虑到饭店的整体服务氛围,对于宾客视线范围内的相关设备的款式要求美观，要与整体色调和氛围相协调。

2. 实用性

精良的设备既能提供良好的对客服务也能节省员工体力，提高其工作士气。比如将传统清洁工具适当创新有时可以发挥更好的清洁效果。另外，采购大型先进设备时也要充分考虑饭店的档次和建筑特点。

3. 安全性

安全性包括员工的操作安全和客人的使用安全两方面，要对员工进行必要的安全操作培训，并在显著位置标明使用的相关注意事项。

4. 经济性

客房设备采购和维护保养支出是饭店总成本的重要组成部分，为了提高饭店的经营效益，在一开始选择饭店设备时就应该考虑在满足对客服务要求的前提下降低采购成本的问题。

(二) 客房设备选择的要求

1. 家具的选择

客房家具的使用率很高，损坏率也很高，所以选购家具必须更为细致。家具的表面要耐火、耐高温、耐污染、防水、防划和防撞压，家具的拉手和铰链必须简单、坚固，使用时无噪音。

(1) 客房用床。客房用床的尺寸一定要合适。另外，客房用床的使用率很高，所以对床铺的选择更应注意经久耐用。

(2) 床头柜。床头柜的高度要与床的高度相配套，通常为60～70cm。床头柜上安装有客房内主要电器设备的开关，所以对质量要求很高。

(3) 组合柜。组合柜的抽屉不宜过多，否则客人容易遗忘东西，拉手要简单、牢固，开启无声响。

(4) 衣柜。衣柜的深度以55～60cm较为理想，平均宽度不小于60cm，最好采用拉门或折叠门。

2. 地毯的选择

首先，要考虑与饭店的等级、客房的档次相一致，选择怎样的地毯与客房的位置、档次及预算等因素有关。其次，要从地毯纤维、绒毛特性和色泽等方面下工夫，可以通过地毯外观特性了解地毯的质量，一是观察绒毛排列的密度；二是绒毛的绒长和绒形；三是绒毛的重量；四是绒毛的弹性。再次，客房内的地毯还应体现装饰艺术效果，使客人进入房间有一种舒适、安宁、温暖的感受。最后，要考虑不同的场所。客房宜选用柔软、富有弹性、保暖、触感好的较高档次的羊毛地毯或混纺地毯，色彩最好采用中性色调，构图应力求平稳、大方、淡雅，太花太杂或过于强烈的色彩和图样不宜采用。

3. 卫生间设备的选择

(1) 浴缸。浴缸有铸铁搪瓷、铁板搪瓷和人造大理石等多种。以表面耐冲击、易清洁和保温性良好为最佳。浴缸按尺寸分大、中、小三种。一般饭店多采用中型浴缸，高档饭店采用大型浴缸。浴缸底部要采取凹凸或光毛面相间的防滑措施。近年来，一些高档饭店的豪华客房选用了各种按摩、冲浪式浴缸。这类浴缸的四周与下部设有喷头，当喷头的水流对人体肌肉冲射时，能起到按摩的作用。

(2) 马桶。马桶尺寸一般为36cm宽，72～76cm长，前方需要有50～60cm的空间，左右需有30～35cm的空间。

(3) 洗脸池。洗脸池也叫洗面池，安装在大理石(云石)台面上，与浴缸相对，池内装有可调节水温的水龙头。

卫生间的三大设备应在色泽、风格、材质、造型方面相协调。

4. 清洁设备的选择

清洁设备的选择是十分重要的，一是因为不少清洁设备的投资比较大，使用周期长；二是因为清洁设备选择是否得当对于客房部的清洁保养能力和效果具有不可忽视的制约作用。

(1) 方便性和安全性。清洁设备的操作方法要简单明了，易于掌握，同时具有一定的机动性，便于清洁卫生死角和最大限度地减少工作人员的体力消耗。安全是对设备操作的基本要求，设备的选择和购买要考虑是否装有防止事故发生的各种装置，旋转设备的偏转力矩有多大，有无缓冲防撞装置等。

(2) 尺寸和重量。设备的尺寸和重量会在很大程度上影响工作的效率和机动性，甚至影响设备的保护性能。如在房间里使用吸尘器时以吸力式为佳。

(3) 使用寿命和设备保养要求。清洁设备的设计应便于清洁保养并配有易损件，这样会相应地延长其使用寿命。设备应坚固耐用，设计上要考虑使用不当时的保护措施。电动机功率应足以适应机器的连续运转并有超负荷的装置。

(4) 动力源与噪音控制。客房部要负责饭店公共区域的清扫工作，因此在选择清洁设备时应考虑用电是否方便，据此确定是否选用带电瓶或燃油机的设备。同时，由于电机设计和传动方式不同，其噪音量有所不同，针对客房区域的环境要求，应尽可能地选用低噪音设备。

(5) 单一功能与多功能。单一功能的清洁设备具有耐用和返修率低的特点，但会增加存放空间和资金占用。如果要减少机器件数，可选用多功能设备和相应的配件。但是多功能设备的使用率高，返修率和修理难度也高，因此要解决好保养和维修等问题。

(6) 价格对比与商家信誉。价格比较不仅要看购买时的价格，还应包括售后服务的价格和零部件修配的可靠性等。另外，机器设备的调试与试用等，也是选择清洁设备时应考虑的因素。

三、客房设备的日常清洁保养工作

(一) 门窗的清洁保养

1. 窗户的清洁

对于楼层不高的客房，清洁窗户的难度不大，只需定期人工擦拭即可。一般的清洁方法是由上至下湿擦后干擦，若脏点较多可先用玻璃清洁剂擦拭。

而现在大多数饭店都将客房设在较高楼层，要清洁窗户，可定期请专业公司来清洁，但这种方式费用大、周期太长，很难保证窗玻璃处于明净状态。

另外，用于擦拭窗户的抹布应是不易掉毛纤维的柔软材料，否则既增加服务员工作量，又不易擦净玻璃，所以擦拭窗户最好选用口罩布质地的材料。

2. 门窗的保养

平时应养成轻开轻关门窗的习惯，这样不仅可以延长门窗的使用寿命，还能减少干扰，保持客房及楼层的安静。此外，雷雨天以及刮大风时，应关好客房窗户，以免雨水溅入客房，或被大风摔坏玻璃。

(二) 墙面的清洁保养

饭店客房的墙面大多使用墙纸，经常对墙面进行吸尘，可以减少大清洗的次数。对于墙纸的清洁，应用比较干的软布擦拭，如有油污，可用汽油、松节油或不易燃的干洗液擦拭；对于小块油迹，可用白色吸墨水纸压住，用熨斗熨烫几分钟就能去除。另外，如发现有墙壁潮湿、天花板漏水的现象，应及时报工程部维修，以免墙壁发霉、墙皮脱落、房间漫水。

(三) 家具的清洁保养

1. 床的清洁保养

(1) 床架。经常注意检查床架各部件是否牢固安全，摇动一下，听有无声响。若有，必须及时报修。床架需要注意防潮、防蛀、防水、防热，同时应注意保持清洁光亮。

(2) 床垫。首先，注意床垫四周边沿，如果发现灰尘，应及时用小扫帚清除。在床垫上加铺一床褥子，注意用松紧带将褥子固定在床垫上，否则褥子在铺床时容易滑动，给操作带来困难，褥子脏时更换即可。要定期翻转床垫，每周应将床垫的床头、床尾调换一次，每月把床垫翻转一次，使床垫各处压力和磨损度相同，避免凹凸或倾斜。此外，应经常注意检查床垫弹簧的固定钮是否脱落，如果脱落，弹簧会移动，必须及时报修，否则床垫损坏会影响客人睡眠。

2. 沙发的清洁保养

(1) 选用质地好的面料制作沙发套，以保护沙发表面清洁和不受磨损，或在沙发靠背顶部和两侧的扶手位置放置与沙发比例相符的花垫。花垫可以起到保护和美化沙发的作用，而且便于随时洗涤。

(2) 经常对沙发吸尘，定期对沙发套进行洗涤，以保持其清洁。

(3) 沙发表面有污点时，根据沙发的质料，及时用相应的清洁剂去污。

(4) 经常翻转沙发坐垫，以保证坐垫受压均匀。

(5) 避免在沙发上踩跳、放重物，否则会损坏坐垫内的弹簧。

3. 木质家具的清洁保养

(1) 防潮。木质家具受潮容易变形、开胶、腐烂，因此房间内应保持干燥，要经常打开门窗通风。潮气较重的房间，家具放置一般不要紧挨墙壁，以保持空气流通。平时擦洗时，也不能使用带水的抹布，而要用绞干的抹布，然后用软质干布擦干。家具放置一般要距墙5～10cm，并要注意经常通风换气。

(2) 防水。防水与防潮的道理是一样的，此外，油漆家具若溅上水珠，家具表面的油漆还会起泡、发霉，使油漆面失去光泽。

(3) 防热。油漆家具一般不要放在阳光直射的地方，如有阳光照射，应拉下窗帘，以防色泽减退；也不要放在暖气片附近，以免受热后收缩破裂。此外，一般家具的油漆表面怕烫，过热的器皿不要放置其上，因而在放开水杯时，要使用托盘或垫碟以免家具受热变色、留有烫痕或掉漆等，如不慎烫出白痕，可用酒精擦拭，即可消失。

(4) 防蛀。为了防止蛀虫繁殖，在橱柜抽屉底层一般应放置一些樟脑丸、防虫香或喷洒杀虫剂，常用花椒水擦洗竹制家具以防虫蛀。

除了上述要点以外，还要经常检查家具螺丝是否松动，五金零件有无丢失等，如发现这些问题应及时报修。

(四) 地毯的清洁保养

无论哪种地毯，服务员都应采用科学的方法来使用和保养，要坚持每天吸尘一次，吸尘是保养地毯的首要程序。吸尘工作做得越好，地毯需要清理的次数就越少。

一般来说，饭店应每年清洗一次地毯，清洗地毯的方法有两种，干洗和湿洗。

(1) 干洗的方法。将清洁剂均匀地洒在地毯上，然后用长柄刷将清洁剂刷进地毯里，过一小时后，用吸尘器彻底吸尘，地毯即被清洗干净。干洗的优点是不影响使用；地毯不变形，不缩水；简单易行，不费时。

(2) 湿洗的方法。水洗(湿洗)时先将清洁剂溶于水中，然后使用喷水器均匀地将溶液喷洒于地毯表面，再用毛刷刷洗，用抽水机吸去水分。最后，等地毯完全干了以后，再彻底吸尘，这种清洗方法的优点是洗得干净、彻底；缺点是工序复杂、费时。

另外，要注意在一些重要通道，如建筑入口、靠近楼梯的地方以及客房卫生间门口等处放置防尘垫，防止污物进入地毯组织。同时，要注意经常将地毯使用的位置转移，使磨损的地方变得均匀。

(五) 电器设备的清洁保养

1. 电冰箱

电冰箱应放在通风、干燥、温度适中的地方。一般来说，其背面和侧面应距离墙壁100mm以上，以保证空气自然对流，并使电冰箱能够更好地散热。切忌把电冰箱放在靠近暖气管、干燥箱，有热源或阳光直射或易受水浸、发潮的地方。

冰箱内部应注意定期清理，以免积存污物，滋生细菌，产生异味。在阴雨潮湿季节，由于湿度大，空气中的水分会凝结成水珠吸附在箱体外壳上，这是正常现象，应用柔软的干布擦去。

为保证电冰箱的使用寿命，使用电冰箱要保持连续性，不要采取日开夜停的方法。另外，应尽量减少开门的次数和时间。

2. 电视机

为安全起见，擦拭电视机以前应先拔下电源线插头，然后用柔软的干布擦净机壳外表的灰尘。电视机要避免放在光线直射的位置，切忌曝晒，否则会使显像管加速老化，机壳开裂。此外，电视机也不能放在潮湿的地方，要防止酸、碱气体侵蚀，引起金属件生锈和元件断脚，产生接触不良等毛病。此外，电视机长期不用时，最好用布罩罩住，以免灰尘落入，影响收看效果。最后，电视机还应尽量避免经常搬动，以减少各种意外事故的发生。

3. 照明设备

照明设备主要指门灯、顶灯、台灯、吊灯、床头灯等。这些设备的保养，首先是电源周围要防潮，插座要牢固，以防跑电漏电；其次是擦拭灯罩时，尤其是擦拭灯泡、灯管时要断电，且只能用干布擦，绝不能用湿布擦。

4. 电话机与电线

每天用干布擦净电话机表面的灰尘，话筒每周用酒精消毒一次。客房内电线主要是电视机线、电话线和落地灯线，电线应保持表面无破损。此外，电线的安装要相对隐蔽，要整理好，否则容易把客人绊倒，甚至损坏电器。

5. 空调设备

保养小型空调机组、遥控器时，要注意首先停止机组运转，并拔下插头，再用柔软的布擦拭脏污的地方。当空气滤尘网指示灯闪烁时，说明需要清扫。若室内尘埃多，应每周清扫一次。在停止使用期间，应用半天时间转动风扇，以排除机械内的湿气，避免发霉和产生气味。停止空调器运转后拔下电源线插头。使用空调器专用电路时，要先断开安全开关，再清洁空气过滤网，然后按原样装上。

中央空调的保养，由专人负责管理操作，集中供应，按季节供应冷、热风，各房间有送风口，设有"强、中、弱、停"4个档次，可按需要调节，要定期对鼓风机和导管进行清扫。此外，每隔2～3个月清洗一次进风过滤网，以保证通风流畅，电机轴承转动部分要定期加注润滑油。

(六) 卫生间设施设备的清洁保养

首先，卫生间地面材料要求抗水性好、易清理、美观，一般选用瓷砖、缸砖或大理石材料。这几种材料的清洗保养方法大体相同。现在的大理石加工技术越来越先进，先期抛光效果很好，保护层也很牢固，而且客人大多穿拖鞋或赤脚进入卫生间，对地面的磨损也很小，所以不打蜡是完全可以保持原有光洁度的。

清洁保养时要慎用清洁剂，一般只用中性清洁剂，酸性清洁剂会侵蚀地砖表面及接缝，使其失去光泽和发生脱落，甚至会造成大理石表层爆裂。可安排定期用牙刷蘸清洁剂擦洗接缝，这些如能坚持，卫生间地面就会长久如新。

其次，卫生设施要勤擦洗，对于洗脸盆、浴缸、马桶等设施，在擦洗时既要使其清洁，又要防止破坏其表面光泽，因此，一般选用中性清洁剂。

对洗脸盆、浴缸、马桶等卫生设施的保养，还应特别注意要防止水龙头或淋浴喷头滴、漏水，如发生类似现象，应及时报工程部维修。否则，久而久之，会使卫生洁具发黄，难以清洁。

学习任务三　客房用品管理

一、客房用品的分类

客房用品包括以下几类。

(1) 布件用品。如床单、枕套、窗帘、毛巾等。

(2) 客房日用品。包括客房免费赠品(牙刷、牙膏、香皂、浴帽、针线包等一次性用品)以及宾客租借用品(吹风机、熨斗、熨衣板等)。

(3) 清洁剂。包括酸性、中性和碱性等各种类型的清洁剂，在具体工作实践中各种清洁剂是搭配使用的，既要考虑使用效果，又要考虑设备物品的保养问题。

二、客房部用品选择的原则

(1) 遵循行业标准。国家旅游局发布了《星级饭店客房用品质量与配备要求》的行业标准，它是客房部经理制定采购标准的主要依据。客房管理人员应从本饭店的实际出发，根据饭店的星级标准，参照国家行业标准制订客房部物品的采购计划，使之与饭店的档次、规模相适应。

(2) 目标市场定位及行业发展趋势。客房部管理者应根据本饭店的目标市场定位情况，考虑目标客源市场对客房用品的配备需求，并且应该密切关注本行业的发展趋势，在物品配备方面应有一定的超前意识，不能过于传统和保守。

(3) 美观协调。客房由房间、空调设备、家具设备、电器设备、清洁设备、装饰用品和客人用品等几个部分组成。这些物品与设备的大小、造型、色彩、格调等必须相互协调，从而使客房显得轻松、柔和、舒适，给客人以美的享受。

(4) 安全环保。客房物品是饭店向客人提供服务的物质基础，其安全性是宾客最关心的内容。另外，出于饭店用品再循环和再使用的考虑以及适应绿色客房趋势的发展要求，环保因素也是选择客房用品时必须考虑的重要因素。

三、客房用品的使用管理

(一) 客用品的管理

1. 客房部物品的分类归档

物品的编号，没有统一的规定和要求，一般可采用三节号码法：第一节号码标明物品的种类；第二节号码标明物品的所在位置；第三节号码标明物品的组内序号。如有其他情况，可用括号内的数字表示。

2. 客房部物品分级归口管理

分级是指根据客房部管理制度，分清这些物品与设备由哪些部门、班组或个人负责管理。归口是指按业务性质，将物品与设备归其使用部门管理。分级归口管理使客房物品与设备的管理有专门的部门和个人负责，从而使客房部物品与设备的管理落到实处。

客房部物品与设备分级归口管理的关键点包括以下几个。

(1) 账面落实，各级各口管理的物品与设备数量、品种、价值量要一清二楚，有案可查；

(2) 完善岗位责任制、维修保养制和安全技术操作制等规章制度；

(3) 要和经济利益挂钩。

物品与设备分级归口管理，必须有严格明确的岗位责任制作保证。责任定得愈明确，对物品与设备的使用和管理愈有利，也就愈能更好地发挥物品与设备的作用。

3. 核定客房用品储备定额

客房管理人员应按照客房总数、客房类型及年均开房率，确定各类客用品的年均消耗定额，并以此为依据，对各班组、个人的客用品控制情况进行考核。应将其列成书面材料，以供日常发放、检查及培训之用。

(1) 中心库房的储备定额。客房部应设立一个客房用品中心库房，其存量应能满足客房一个月以上的需求。

(2) 楼层布草房储备定额。往往需要备有一周的用品。储备量应列出明确的标准贴在布草房的门后或墙上，以供领料对照。

(3) 工作车配备标准。工作车上的配备往往以一个班次的耗用量为基准。

4. 加强客用品发放控制

(1) 客用品发放的控制。客用品的发放应根据楼层布草房的配备定额明确一个周期和时间。凭领料单领取货物之后，将此单留在中心库房，以便统计。

(2) 做好客用品的统计分析工作。第一，保证每日统计。服务员在做房时，应填写《客房服务员工作日报表》，并在做房后，对主要客用品的耗用情况加以统计。最后由宾客服务中心文员对整个客房部所有楼层的客用品耗用量作汇总，填写《每日楼层消耗品汇总表》。第二，做好定期分析。一般情况下，客房部应每月对客房客用品的耗用情况做一次定期分析，内容包括以下几方面。

① 根据《每日楼层耗用量汇总表》制作《月度各楼层耗用量汇总表》。

② 结合住客率及上月情况，制作每月客用品及物资消耗分析对照表。

③ 制作每月客用品盘点及消耗报告。除了对客用品的消耗情况进行理论上的统计以外，还要在月末对客用品进行盘点，如两者不符且差距较大，要分析原因，找出对策。

④ 结合年初预算情况，制作月度预算执行情况对照表。

(3) 控制流失现象。造成客用品失控的重要原因有以下两种：第一种是一些客人在服务员做房时从工作车上"顺手牵羊"，拿走部分客用品；第二种是更普遍、更严重的现象，一些服务员利用工作之便，拿走客用品以自用或提供给他人使用，在管理不善的饭店，客用品甚至常常被大量带出去，形成客用品流失的"无底洞"。

针对上述情况，客房部可采取以下措施：要求服务员在做房间卫生工作时，将工作车紧靠在房门口停放，以便监督；加强对服务员的职业道德教育和纪律教育；要求服务员做好客用品的领取和使用记录，以便考核；与保安部配合，做好对员工上、下班及员工更衣柜的检查工作。

除上述控制客用品流失的方法外，还应努力做好客用品的节约工作。

(二) 布件的清洁保养

客房部的布件主要有枕巾、面巾、脚巾、毛巾、浴巾、澡巾以及床单等，布件的保养要注意以下几点。

(1) 教育客房服务员严格按操作规程办事。现代化饭店一般要求服务员在清扫客房及卫生间设施时使用专用的清扫用具。

(2) 换下来的脏布件最好用专用的袋子装好送洗，不要乱堆乱放，或在脚下踩来踩去，更不要将床单包起来在地板上或水泥地上牵拖送洗，否则不但会磨损床单，而且布件织物还会与水泥摩擦起反应，所生成的碳酸物无法清除。

(3) 撤换下来的棉织品，干燥的与潮湿的最好能分开放置，潮湿的应及时洗涤，否则容易生霉变质，不但影响使用期限，而且洗出来的效果也不好。

除了上述要求外，棉织品在使用和保管时应注意防潮、防闷热、防虫蛀、防日晒、防灰尘和防酸碱，否则都会在不同程度上影响织物的寿命与质量。

对织物的保养，还包括对客房毛毯的清洁和保养。按照我国卫生部门的规定，饭店客房毛毯应每月清洗一次，但在操作中因其不合实际而无法执行。

为了解决清洗消毒与成本过高的矛盾，一个较好的方法是：采取原始与现代相结合的手段，每年夏季用灼热的太阳光曝晒，每天一批，每批正反曝晒各一天；进入冬季时再干洗一次。这样做，效果很好，成本也可分摊至每个月。

(三) 客房清洁剂的种类与使用注意事项

清洁剂的化学性质通常以pH值来表示。根据pH值的大小，可把清洁剂分成酸性、中性和碱性等。酸性清洁剂pH值小于7，通常为液体，少数为粉状，主要用于卫生间的清洁；中性清洁剂的pH值为7，有液状、粉状、膏状等，其配方温和，不腐蚀、损伤任何物品，但无法去除积聚严重的污渍；碱性清洁剂的pH值大于7，对于清除一些油脂类或酸性污垢有较好效果。除此之外还有上光剂和各种溶剂等。

清洁剂一般具有溶解作用、化学作用、乳化作用及分解作用，使用时应注意以下事项。

(1) 培训员工各种清洁剂的正确使用方法；

(2) 培训员工不要过量使用清洁剂；

(3) 所有清洁剂的容器上要有标签；

(4) 培训员工养成看商标及使用说明的习惯；

(5) 正式使用清洁剂前须试用；

(6) 保证有足够的反应时间；

(7) 充分过水；

(8) 确保温度适当；

(9) 注意安全。

典型案例

客房地毯被烧了一个洞

张先生是某针织厂的厂长，因公务常来省城出差。某三星级饭店距离他办事的公司较近，因此张先生每次都住在该饭店。有一次，张先生办完事后去总台结账退房，前厅服务员王小姐一边熟练地为他办理离店手续，一边热情地同他寒暄。说话间张先生拿出一根烟点上，王小姐赶紧送上烟灰缸。正在这个时候，电话响了，原来是客务中心打来的，说张先生所退房间的地毯上烧了一个烟洞。王小姐当即询问张先生，但张先生矢口否认自己在房间里抽过烟。王小姐看着张先生手上的烟，觉得处理此事有点为难。

资料来源：豆丁网. http://www.docin.com/p-536534040.html，有改动

思考题：

面对这种情况，王小姐该如何处理呢？

单元小结

本章首先介绍了加强客房物品设备管理的重要意义，在此基础上详细介绍了客房设备的分类选购和保养等知识，然后又阐述了客房用品的分类、选购和保养的相关知识。掌握这些专业知识对提高饭店的对客服务水准及成本控制都具有重要意义。

复习思考题

1. 常见的客房部设备包括哪些种类？

2. 如何选择客房部设备？

3. 如何开展客房部设备的日常清洁保养工作？

课外实训

实训目的：通过实训，了解饭店的客房物品与设备情况，并提出相关建议。

实训内容：客房主要设施设备的清洁保养方法。

实训方式：上岗培训。

学习单元十四 客房安全管理

▶ 学习单元十四 ◀

客房安全管理

课前导读

　　安全，是饭店提供服务的大前提，也是客人对饭店的最基本要求。而客房是饭店建筑的主体，饭店的安全问题主要发生在客房部。因此，做好客房的安全管理对于保护客人生命财产的安全及饭店财产的安全具有极其重要的意义。安全管理是客房管理的主要任务之一。

学习目标

　　知识目标：理解客房安全管理的基本含义；掌握客房安全管理的内容。

　　能力目标：熟悉客房安全管理设施的配备，掌握客房防火、防盗及意外事故处理的基本程序。

学习任务一　认识客房安全的重要性

　　客房安全管理是饭店经营管理的重要组成部分，直接关系饭店的生存和发展，是饭店客房管理水平的重要标志，是提高客房出租率和饭店经济效益的重要手段，其重要性表现为以下几方面。

　　1. 安全是饭店经营的前提和保证

　　饭店经营要满足客人消费需求，必须以保证客人安全为基础。如果缺乏安全要素，即使客房再清洁、美观、舒适，服务再周到，客人也不会光临。如客房安全常出现问题，则意味着客房部的管理彻底失败。

　　2. 客房安全是客人基本、突出的需求

　　客房是客人在饭店暂居的最主要场所和财物存放地点，是客人的"家外之家"，客人对客房的安全期望要求很高。因此，客房必须是一个安全的场所，饭店有义务和责任为客人提供安全保护，以满足客人的期望。

3. 客房安全是饭店安全工作的重要组成部分

饭店安全工作的范围较广，涉及饭店的各个部门和各个角落。客房是饭店的主体，是客人住宿、生活的主要场所，危及客人人身、财产安全的事件绝大多数发生在客房。因此，客房区域是饭店安全工作的要害部位，客房安全是整个饭店安全工作的重要内容。

学习任务二　客房火灾事故的处理

火灾始终是饭店业的头号安全问题，它直接威胁饭店客人和员工的生命财产安全及饭店的财产安全。一旦发生火灾，会使饭店在声誉和经济上付出沉重代价。因此，饭店必须认真对待防火问题。

一、消防设施

客房内的消防设施用品主要有：设于屋顶的烟感报警器、自动喷淋灭火装置，贴在门后的安全通道出口示意图，摆放在床头柜上的"请勿在床上吸烟"的中英文标志。

(1) 烟感报警器的作用是当室内烟雾达到一定程度时自动鸣叫报警，饭店消防中心监控室同时显示报警位置。

(2) 喷淋灭火装置的作用是当室内温度达到一定程度时，堵在喷头出水口的水银球受热膨胀炸裂，喷头向房间喷水灭火。有烟才有火，因此，有的饭店只设烟感报警器。

(3) 安全通道出口示意图的作用是指示客人所在位置和发生火灾时的安全撤离路线。

(4) 设置"请勿在床上吸烟"的中英文标志是国际饭店业的通行做法，经常提示吸烟客人是有益的。

为了确保客房安全防火，在楼面通道也要按规定设置报警装置和消防栓或灭火器，两侧要有安全门和消防楼梯，较长的通道中间要设防火隔离门。安全通道应设抽气机、通风装置，以备在发生火灾时能自动启动，抽排燃烧引起的大量烟雾。

二、客房服务工作中的防火注意事项

1. 加强对客人的安全管理

客房内禁止使用电炉、电暖气等电器，如发现客人使用要立即阻止，报告有关部门处

理。如发现客人使用电烫斗，要提醒其注意安全。对醉酒客人的房间要多加注意，防止火灾和其他伤害事故的发生。

2. 加强安全检查

要及时消除楼面和客房内的易燃物品，以减少起火因素；注意检查房内电器、电线和插头等，如发现安全隐患，要及时采取措施并报修。

3. 加强消防培训

要使员工掌握"三懂""三会""三能""一知道"等消防基础知识。

(1)"三懂"：懂得本岗位工作中存在哪些火灾危险；懂得怎样预防火灾以及采取何种预防措施；懂得怎样扑救火灾。

(2)"三会"：会报警；会使用消防器材；会处理险肇事故。

(3)"三能"：能自觉遵守消防规章制度；能及时发现火险；能有效地扑灭初期火灾。

(4)"一知道"：知道火的三要素，即火源、可燃物、助燃物。

三、火灾发生时的一般处理方法

客房楼层一旦发生火灾，客房部员工应沉着冷静，按平时防火训练的要求迅速行动，以减少火灾造成的损失。

1. 及时发现火源

当烟感报警器发生火警信号或闻到异味、感觉有异常情况时，客房部员工应立即停止其他工作，迅速查明火源，掌握火情，采取相应扑救措施并通知上级。

2. 及时报警

查明火源及火情后，客房部员工要及时向有关部门报告，讲清地点、燃烧物、火势等情况。报警时一定要镇静，口齿清楚，讲明情况。

3. 及时扑救

如果燃烧面积不大，可根据火情及燃烧物情况，选用适当的消防器材及时扑救，同时尽可能地保护客人的生命财产安全。灭火后，要妥善保护现场，以待查明失火原因。

4. 疏导宾客

火灾发生时，要迅速打开安全门、安全梯，组织人员疏散宾客，同时要尽最大努力逐一检查每间客房内是否有遗留宾客，确定无人后在门上做记号或挂"已检查过"的牌子，并将门关好，以阻止火势蔓延。

学习任务三 客房盗窃事故的处理

一、防盗设施

在安全方面，客人最关心的是盗窃问题。从近几年来新闻媒体披露的情况看，少数社会上的不法分子已经把饭店客人的财物作为行窃的重要目标，甚至发生了多起谋财害命的恶性事件，使部分客人住进客房后总有不安全感。因此，饭店要对客人的生命财产负责，加强客房防盗工作，增加安全硬件，消除客人的紧张心理。

防盗设施首先是门。门上应安装警眼，并装有安全链。对有阳台、楼层较低的房间，阳台门及窗必须设置安全装置，防止盗窃者从此处进入室内。门锁系统是客房防盗的关键环节，使用高科技产品如电子房卡，对于增强客房安全极为有效。

目前，饭店在楼面通道普遍安装闭路电视监视器，这对不法分子是个威慑。若有行迹可疑者，监视器可跟踪监视。有的饭店在客房发生失窃事件后，就是靠重放录像带找到了线索。

二、客房盗窃事故的处理

客人在饭店居留期间难免丢失物品，会向饭店报告，请求帮助查找。饭店要视情节轻重，妥善处理。客房部尤其要急客人所急，积极帮助查找。据国外有关机构统计，在客人报称丢失的物品中，有40%是由于放错了地方，30%是客人记忆不清，30%是真正丢失。

客人的财物被盗以后，直接通知公安部门的，这叫报案；客人向饭店反映丢失情况，这叫报失。报案由当地公安部门受理，报失由饭店处理。无论是报失还是报案，客房部员工都应积极协助客人(或公安机关)调查失窃原因，把属于客房部范围内的工作做好。

处理客人报失的基本程序和方法如下所述。

1. 认真听取客人反映情况

客人报失时，管理人员要保持冷静，认真听取客人反映的情况，不做任何结论性的意见和说些否定的话，以免给以后的处理带来麻烦和困难。

2. 及时报告

根据客人提供的线索，管理人员应分析是否确定被盗，及时将情况报告保安部及其他有关部门。

3. 了解情况

如确属被盗案件，客房管理人员应详细问明丢失财物的经过、物品名称、数量等情况。

4. 帮助查找

应尽量帮助失主回忆，来店前后有无查过、有无放错地方等，并在征得失主同意后帮助查找，切勿擅自到客人房间查找。

5. 做好记录

询问失主是否需要向公安机关报案，并认真记录，最后让客人签字，或要求客人写一份详细的报告。

6. 报告公安机关

对于被盗案件，还应立即报告值班经理，经同意后向公安机关报告。

7. 慎重处理

如果被盗财物涉及某一服务人员，在未掌握确凿证据之前，管理人员不可妄下结论，也不可盲目相信客人的陈述，以免损伤服务人员的自尊心。要坚持内紧外松的原则，细心查访和找寻。

8. 整理与存档

盗窃案件处理完毕后，应做好盗窃案件的发案和查破结果的材料整理和存档工作。

学习任务四　客房其他安全事故的处理

一、意外事故的预防

由于客人在客房逗留时间较长，客房设备设施复杂、用品繁多，客房部意外事故时有发生。如由于卫生间地面、浴缸没有防滑措施，导致客人摔伤；茶杯酒具破损未及时更换割伤客人；地毯不平整，绊倒客人导致摔伤；服务员违反安全操作规程，造成工伤事故等。为此，客房部应加强对设施设备的维护保养，加强员工安全教育，要求员工严格执行安全操作规程，加强安全检查。

二、醉酒住客的处理

饭店中客人醉酒屡有发生，部分醉酒客人会大吵大闹或破坏家具，甚至动手打人，有时还会随地乱吐,甚至不省人事。对此,客房部员工应保持理智,对轻醉者,应婉言劝导,安排其回房休息;对醉酒严重且不听劝导的客人,要协助报案人员将其制服送回客房,以免其扰乱其他住客或伤害自己。在安置醉酒客人回房休息后,客房部员工应特别注意其房间内动静,以免房间的家具及用品遭到破坏,或因其吸烟引发火灾等。此外,如客房部员工在楼层走廊遇见醉酒客人,不要单独扶其进房甚至为其宽衣休息,以免客人酒醒后发生不必要的误会。

■ 三、伤病住客的处理

客人在饭店居留期间,身体可能会偶有不适或突发疾病。客房部员工应及时发现,及时汇报处理。

(一) 一般性疾病

客人可能会偶感风寒或有其他小恙,客房部员工发现后应询问情况,帮助客人请驻店医生。在此后的几天中应多关心该客人,提醒客人按时服药。

(二) 突发性疾病

突发性疾病包括心脑血管病、肠胃疾病、食物中毒等。客房部员工要立即请医生来,同时报告管理人员,绝对不能擅自做主救治病人,那样可能导致更严重的后果。在没有驻店医生的情况下,如果患者头脑尚清楚,请客房部员工帮助购药服用,客房部员工应婉言谢绝,劝客人立即到医院或请医生到饭店治疗,以免误诊。如客人病情严重,客房部要立即与同来的亲属、同伴或随员联系。若客人独自住在饭店,客房部经理应立即报告在店经理或大堂副经理,请饭店派车派人送客人去医院救治,必要时还要设法与客人所在单位或家里联系。

(三) 传染性疾病

如果发现客人患的是传染性疾病,必须立即向饭店总经理(夜间是大堂值班经理)汇报,并向卫生防疫部门汇报,以便及时采取有效措施,防止疫病传播。对患者使用过的用品要严格消毒,并在客人离店后对房间、卫生间严格消毒。对接触过患者的服务人员,要在一定时间内进行体检,防止疫病扩散。

四、客人死亡的处理

住客死亡是指客人在住店期间因病死亡、因意外事件死亡及自杀、他杀或其他原因不明的死亡。除前一种属正常死亡外，其他均为非正常死亡。

住客死亡多发生在客房。楼层服务员要提高警惕，发现客人或客房有异常时要多留心，及时报告管理人员。例如，客人连日沉默不语；客房长时间挂"请勿打扰"牌；房内有异常动静；访客离去后再不见客人出来，房内久无声响等。对于怀疑有自杀倾向的客人，尤其要多留意观察，要多接近，讲些开导的话。

一旦发现客人在客房内死亡，应立即报告客房部经理、总经理、保安部等有关方面，双锁房门，由保安部报告公安机关并派人保护现场，等候调查，不许任何人接近。如调查验尸，证实客人属非正常死亡，饭店应积极协助调查。客房楼层服务员因与客人接触相对较多，应密切配合调查取证，尽可能详细地提供线索，同时也要注意保密。这种事情扩散出去，不仅会使其他客人产生恐惧，影响饭店声誉，也会给侦破工作造成困难。

客人遗留的财物，客房部要列明清单，由专人保管，待家属领取。公安机关因侦破需要带走的物品，也要有记录和经手人签字。

住店客人因病抢救无效死亡的，可由在场医生出具证明。

典型案例

丢失的包

2005年5月，林某等4名旅游者向旅游行政管理部门投诉，称其在某星级饭店住宿，第二天早晨，发现置于房内的一个女用黑色挎包不见了。该挎包内装有现金、信用卡、身份证、首饰等物件，价值共计13万元。

林某等认为，他们花钱住饭店，饭店应有义务保护他们的财产安全，现在财物丢失，饭店应当全额予以赔偿。旅游行政管理部门接此投诉后，立即与该饭店联系，了解核实情况。据该饭店称，饭店得知客人财物丢失后，迅速向公安机关报案，公安机关也当即派出警员赴饭店客人住宿房间进行现场勘察，并查看了饭店楼道、电梯的闭路摄像，发现该日凌晨2时许，有两名男子乘电梯下楼，其中一名男子肩背的挎包正是林某等人丢失的女用黑包。经查，这两名男子系住店客人，由于林某等人晚间未关房门，致使该两名男子潜入房内窃走挎包。这两名男子已于当日上午结账离店，公安机关由此确认这是一起盗窃案件，已经立案侦查。

资料来源：豆丁网. http://www.docin.com/p-20758956.html，有改动

思考题：

在本案例中，饭店有无责任？

单元小结

安全是客人在饭店住宿的前提条件，保障客人在饭店内的人身、财物安全是客房管理的主要任务之一。

客房部的安全问题主要涉及因客房设施设备的安装和使用而引起的各类工伤事故、传染病、盗窃、火灾等。客房员工要有安全意识，针对不同的安全问题，采取不同的防范措施。客房管理人员不仅要教育员工洁身自好，还要防止店外犯罪分子入室盗窃和伺机作案，要教育员工做好客房钥匙的保管和管理工作，制定客房安全管理制度，并教育员工严格执行。对重点区域重点防范，对可疑人员严格盘查和重点关注，不给其可乘之机。

火灾是饭店最严重的安全问题，直接危及客人的生命和财产安全，因而需要客房管理人员格外重视。客房员工不仅要在平时做好火灾的防范工作，而且要在火灾的消防方面训练有素，一旦火灾发生，能够正确履行自己的职责，迅速灭火。

复习思考题

1. 常见的客房安全事故有哪些？
2. 简述各种客房安全事故的处理流程。

课外实训

实训目的：通过实训，熟悉饭店经常发生的不安全因素类型。

实训内容：防范与处理饭店经常发生的事故。

实训方式：上岗培训。

参考文献

[1] 姜文宏，等. 前厅客房服务技能综合实训. 北京：高等教育出版社，2004

[2] 孟庆杰，等. 前厅客房服务与管理. 大连：东北财经大学出版社，2002

[3] 李莉. 前厅与客房服务实训. 北京：中国劳动社会保障出版社，2005

[4] 黄继元. 前厅管理实务. 昆明：云南大学出版社，2004

[5] 中国就业培训技术指导中心. 前厅服务员. 北京：中国劳动社会保障出版社，2004

[6] 栗书河. 前厅服务训练手册. 北京：旅游教育出版社，2006

[7] 韦明体. 前厅服务学习手册. 北京：旅游教育出版社，2006

[8] 旅游业培训教材研发中心. 客房服务员学习手册. 北京：旅游教育出版社，2006

[9] 栗书河. 客房服务员训练手册. 北京：旅游教育出版社，2006

[10] 陈乃法，等. 饭店前厅客房服务与管理. 北京：高等教育出版社，2008

[11] 李雯. 饭店前厅与客房业务管理. 大连：大连理工大学出版社，2005

[12] 蒋丁新，等. 现代饭店前厅与客房管理. 大连：东北财经大学出版社，2002

[13] 中华人民共和国劳动和社会保障部培训就业司. 前厅服务员. 北京：中国劳动社会保障出版社，2004

[14] 中华人民共和国劳动和社会保障部培训就业司. 客房服务员. 北京：中国劳动社会保障出版社，2004

[15] 吴梅，等. 前厅服务与管理. 北京：高等教育出版社，2012

[16] 范运铭. 客房服务与管理. 北京：高等教育出版社，2012